LES DOCTRINES THÉOLOGIQUES
ET LEUR «ÉVOLUTION»

CAHIERS DE LA REVUE THÉOLOGIQUE
DE LOUVAIN
28

# Gustave Thils

## *Les doctrines théologiques et leur «évolution»*

Publications de la Faculté de Théologie
Louvain-la-Neuve
1995

LIBRAIRIE PEETERS
GRAND-RUE 56
B-1348 LOUVAIN-LA-NEUVE

Dépôt en France:
«LA PROCURE»
3, RUE DE MÉZIÈRES
F-75006 PARIS

FACULTÉ DE THÉOLOGIE
45 GRAND-PLACE
B-1348 LOUVAIN-LA-NEUVE

ISBN 2-87723-177-1
ISBN 90-6831-660-5
D. 1995/0602/8

# INTRODUCTION

Le développement doctrinal du message chrétien a toujours suscité l'intérêt des théologiens. Qui n'a entendu rappeler ces paroles de saint Vincent de Lérins : "Qu'il croisse donc, mais dans un même sens, en un même contenu" ! Depuis Newman et son *Essay on the Development of Christian Doctrine,* les études sur le "développement des dogmes" se sont multipliées. Avec, certes, un ralentissement au cours des dernières années, indice d'un certain réexamen de la question.

En effet, un Document publié en 1990 par la Commission théologique internationale sous le titre *L'interprétation des dogmes* interpelle ceux qui examinent ce qu'ils nomment "développement des dogmes". "Il faut se dégager d'un réalisme naïf", insiste le Document. "Dans notre connaissance, nous n'avons jamais affaire au réel dans sa nudité, mais toujours au réel dans le contexte culturel de l'homme, avec son interprétation par la tradition et son appropriation actuelle... Il est devenu évident qu'en principe, il n'y a pas de connaissance humaine sans présupposés; bien plus, tout savoir humain et tout langage sont déterminés par une structure de précompréhension et de préjugés structurels". Bref, il s'agit "d'arriver à un renouvellement créateur de la métaphysique et de sa question sur la vérité de la réalité. Le problème fondamental qui se pose ici est celui du rapport entre vérité et histoire" (*La Documentation catholique,* 1990, p. 490). Semblable appel ecclésiastique invite bien à un renouveau des études sur l'"évolution des dogmes". Et peut-être les circonstances pourraient amener à en proposer l'esquisse.

☆ ☆ ☆

La plaquette présente répond à un objectif plus limité et très concret. En voici l'origine et la portée.

À la demande d'un article consacré au mouvement théologique du XXe siècle, j'ai répondu en proposant, plus modestement, d'évoquer brièvement le devenir que connurent quelques doctrines engagées dans l'enseignement ecclésiastique de l'époque. Ceci paraissait réalisable. Et cinq doctrines furent ainsi présentées dans leur développement : le statut des "fidèles laïcs", l'interprétation de la Bible dans l'Église; les droits de la personne humaine; les autres chrétiens et l'œcuménisme; les relations entre l'Église et l'État. Le "devenir" de ces cinq thèmes était estimé favorablement, et les lecteurs y perçurent un "progrès".

De fait, au cours de la préparation de cet article, quatre autres thèmes avaient été envisagés et globalement ébauchés; mais il fallait se limiter, et donc supprimer. Ces autres thèmes avaient pour titre : les catholiques et les Religions du monde, la primauté papale et la collégialité épiscopale, la perfection et la charité, le mariage et la sainteté. Ici également, le "devenir" présente la forme d'un certain "progrès".

Étant donné l'accueil reçu par l'article, il a paru raisonnable de reprendre l'ensemble de ces thèmes en un petit volume, avec quelques ajouts mineurs aux thèmes déjà publiés.

Les quelques enseignements ecclésiastiques dont le devenir est décrit dans les pages qui suivent, ne sont pas, faut-il le rappeler, des "dogmes" au sens strict du terme. Il ne s'agit pas du développement propre aux doctrines relatives à Dieu, au Christ, à la Mère du Seigneur, mais d'enseignements liés de quelque manière à la condition temporelle des chrétiens, de l'Église. Récemment, la Commission théologique internationale elle-même a attiré l'attention sur nos jugements. Car la tradition est une "réalité bien vivante", dit-elle; c'est pourquoi, "on rencontre un nombre considérable de déclarations du Magistère, dont l'importance est plus ou moins grande et dont le caractère obligatoire peut varier en degré. Pour apprécier avec exactitude et interpréter ces déclarations, la théologie a élaboré la doctrine des qualifications théologiques, qui a été reprise par le Magistère de l'Église. Ces derniers temps, elle est malheureusement plus ou moins tombée dans l'oubli" (*La Documentation catholique*, 1990, p. 493-494).

Pour éviter la multiplication des notes, certaines références seront données à l'intérieur du texte en usant des sigles suivants :

DC = *La Documentation catholique*

D.-S. = H. DENZINGER - A. SCHÖNMETZER, *Enchiridion Symbolorum, Definitionum et Declarationum de rebus fidei et morum,* edit. 34 emendata, 1967

O.R. = *L'Osservatore Romano,* quotidien, italien

O.R.F. = *L'Osservatore Romano,* hebd., français

A.S.S. = *Acta Sanctae Sedis,* Rome, 1865-1908

A.A.S. = *Acta Apostolicae Sedis,* Rome, 1909 sq.

## LES DROITS DE LA PERSONNE HUMAINE

Le chapitre de l'enseignement ecclésiastique concernant le thème des "droits de l'homme" a connu une évolution laborieuse.

Le Document n° 1 de la Commission Pontificale "Justitia et Pax", publié en 1975, reconnaît que les Lumières et la Révolution française, la laïcisation de la société, l'indifférentisme régnant et l'anti-cléricalisme agressif "ont conduit souvent les Papes à adopter une attitude de précaution négative, et parfois d'hostilité ou même de condamnation" (n. 18). Mais aujourd'hui, "stimulée par la maturation de la culture civile moderne, l'Église a enrichi sa propre conception intégrale des droits de la personne humaine, constamment et pleinement humaine et ouverte à la vocation éternelle... et est passée d'un comportement de condamnation à un comportement positif et encourageant que le processus historique en cours soutient et rend encore plus valide" (n. 34)[1].

Que s'est-il donc passé ? Le Livre de la Genèse ne nous présente-t-il pas depuis les temps anciens l'être humain comme créé à l'image et à la ressemblance de Dieu ? L'Église catholique, au cours des siècles, n'a-t-elle pas transmis à l'Occident les données fondamentales du droit naturel et du droit des gens ? La revendication de certains droits humains civils ou politiques n'a-t-elle pas trouvé, de siècle en siècle, chez les représentants et penseurs de l'Église catholique, des défenseurs convaincus ? Comment se fait-il donc que les représentants de la doctrine catholique des années 1900 n'aient pas signalé tout d'abord, dans leur défense du message chrétien contre les menées agressives du rationalisme ou du positivisme, ce qui était valable et parfaitement légitime dans la mise en vedette des "droits humains" ?

En fait, à l'arrière-plan des réticences et des méfiances à l'endroit des "droits humains", se présente toujours à l'esprit des autorités ecclésiastiques de nos régions européennes le spectre de la Révolution française de 1789. Une lecture occasionnelle des mandements de Carême français de 1889 relève, en ceux-ci, des allusions aux "odieux principes de la Déclaration des droits de l'homme", à la "société depuis cent ans vouée à l'idolâtrie des droits de l'homme", et ainsi "on a oublié les droits de Dieu"[2]. Or, si des méfaits et des massacres ont eu lieu, si le souvenir des "martyrs de septembre" doit être maintenu, cette époque a connu aussi une série de gestes et de décisions bénéfiques, la suppression de divers privilèges exorbitants, et nombre de mesures favorables à l'instruction publique, aux membres de religions autres que le catholicisme, aux citoyens moins favorisés, à l'apparition progressive de l'État de droit, démocratique et pluraliste.

Et petit-à-petit, la situation évolua. La réflexion de nombreux penseurs, philosophes et théologiens catholiques, les initiatives de paix développées après les guerres de 1914 et de 1940, donnèrent naissance à une mise au point de grand format. Le 10 décembre 1948, une "Déclaration universelle des Droits de l'homme" était adoptée et proclamée par l'Assemblée générale des Nations-Unies réunie à Paris. C'est, partout, l'enthousiasme et l'espérance. Pourtant, un des meilleurs historiens de la Déclaration constate que, de la masse de documents ecclésiastiques, il est difficile de déduire "une opinion susceptible d'être présentée objectivement comme celle du catholicisme"[3]. Il cite alors, comme favorables à la Définition dans les milieux romains, *L'Osservatore Romano* du 31.10.1948 et du 17.03.1949, et comme défavorables, *L'Osservatore Romano* du 11.10.1948 et du 4.12.1948.

Mais il est possible d'accueillir la Déclaration de 1948 avec enthousiasme tout en proposant en même temps quelques observations doctrinales à son sujet. Car la Déclaration de 1948 s'est voulue formelle, sans engagement d'ordre philosophico-religieux[4]. De plus, la "personne humaine" de la philosophie personnaliste et la "créature nouvelle" de la théologie chrétienne jouissent d'un contenu très différent. Les données de la Déclaration de 1948 sont-elles de ce fait sans portée réelle, sans grandeur humaine ? Nullement. L'ensemble des droits énumérés dans la Déclaration constitue une gerbe de valeurs de haute qualité. Les théologiens chrétiens y ont reconnu une "concordance", une "correspondance" avec leurs anthropologies. On pourra également faire remarquer que les droits humains de la Déclaration sont, en fait, perçus et vécus globalement tels qu'ils sont appliqués dans le contexte occidental européen ou américain, et donc marqués par l'esprit démocratique et même par le christianisme. Et puis, la Déclaration de 1948 a été modeste : elle s'est présentée, non comme une constitution mondiale, mais, simplement, comme "un idéal commun à atteindre par tous les peuples et toutes les nations" *(Préambule).*

### Après la Déclaration de 1948

Il n'est donc pas étonnant que l'accueil de la Déclaration de 1948 alla grandissant. Une avancée décisive se produisit avec le Pape Jean XXIII (1958-1963). Tout d'abord, grâce à l'Encyclique *Pacem in terris* (1963), qui déclarait : "Nous considérons cette Déclaration comme un pas vers l'établissement d'une organisation juridico-politique de la communauté mondiale" (DC 1963, c. 538). Ensuite, grâce au Concile Vatican II, et notamment par la Constitution pastorale *Gaudium et spes* sur l'Église dans le monde de ce temps (voir les nn. 29-31) et la Déclaration *Dignitatis humanae* sur la liberté sociale et civile en matière religieuse (voir n. 13).

Désormais, la défense et la promotion des "droits de l'homme" étaient acquises. Ainsi, en octobre 1974, à l'occasion du Synode des évêques tenu à Rome, le Pape Paul VI déclara : "S'il est vrai que les vérités concernant la dignité de l'homme et ses droits sont un bien commun de tous les hommes, nous en trouvons, quant à nous, l'expression la plus complète dans l'Évangile. Et nous puisons aussi dans l'Évangile le motif le plus pressant de nous engager à la défense et à la promotion des droits de l'homme... L'Église... croit aussi très fermement que la promotion des droits de l'homme est une requête de l'Évangile et qu'elle doit occuper une place centrale dans son ministère" (DC 1974, p. 965).

Ensuite, "Jean-Paul II, en approfondissant cette réflexion, fondera les droits humains simultanément sur les trois dimensions de la vérité totale de l'homme : sur la dignité de l'homme en tant que tel, sur l'homme créé à l'image et à la ressemblance de Dieu, sur l'homme inséré dans le mystère du Christ. Sur cette dignité de l'homme, envisagée à la lumière de l'œuvre rédemptrice du Christ, se fonde la mission salvifique de l'Église; c'est pour cela qu'elle ne peut se taire quand sont lésés ou quand sont en péril les droits inviolables de l'homme et des peuples"[5].

## Au deuxième anniversaire de 1789

Mais l'année 1989 devait nous apporter un témoignage plus médiatique.

Le 20 juin 1989, une Messe solennelle fut célébrée à la cathédrale Notre-Dame de Paris pour commémorer dans la prière "les deux derniers siècles de l'histoire de France".

Le cardinal Lustiger, dans *Paris Notre-Dame,* la présenta comme suit : "Ce 20 juin 1989 sera le deuxième centenaire du Jeu de paume. Ce jour-là, une majorité de députés du clergé se sont joints à ceux du tiers-état. Ils ont ouvert ensemble une ère nouvelle de l'histoire de France. Dans les acquis de ces journées d'enthousiasme et d'espérance, l'Église peut reconnaître des valeurs évangéliques. Jean-Paul II nous l'a vigoureusement rappelé dans son homélie au Bourget, il y a neuf ans : 'Liberté, égalité, fraternité... Au fond, ce sont là des idées chrétiennes'" (DC 1989, p. 707 ainsi que DC 1980, p. 585).

Au cours de l'homélie de cette Messe anniversaire, le cardinal Decourtray a également cité Jean-Paul II qui, lors de sa visite à la Cour européenne des droits de l'homme le 8 octobre 1988, avait déclaré : "La Commission et la Cour européenne des droits de l'homme symbolisent les idéaux élevés et le noble esprit qui a inspiré la Convention européenne des droits de l'homme signée à Rome en 1950... L'engagement de l'Église dans ce domaine correspond pleinement à sa mission morale et religieuse. L'Église défend vigoureusement les droits de l'homme parce qu'elle considère qu'ils sont une partie indispensable de la reconnaissance obligée de la dignité de la personne humaine qui a été créée à l'image de Dieu et rachetée par le Christ" (DC 1989, p. 709 ainsi que DC 1988, p. 1004-1005).

Actuellement, à diverses occasions, les représentants du Saint-Siège appuient les requêtes des droits humains et estiment que "la communauté internationale devrait se doter d'instruments contraignants" (DC 1994, p. 63).

Cet aperçu historique ne peut être terminé sans que soient indiquées quelques nuances du bilan. Tout d'abord, les non-catholiques qui sont au courant de l'histoire de ces droits depuis deux siècles, tout en se réjouissant des changements obtenus, y perçoivent néanmoins un certain degré de "récupération". D'autre part, ce même changement leur paraît également mis en vedette aujourd'hui au profit d'un changement de stratégie apostolique. Parmi les droits humains fondamentaux des Déclarations officielles, le droit à la liberté sociale et civile de culte et de religion est explicitement stipulé. De là, l'appel à respecter les droits des minorités, également en ce domaine. Mais les catholiques sont une minorité dans diverses régions de la planète. D'où l'établissement de relations diplomatiques avec de très nombreux pays ayant acquis l'indépendance. La requête de liberté, qui était naguère exigée par l'Église au nom de sa condition de "société parfaite", est désormais requise au nom des droits fondamentaux désignés par toutes les Déclarations officielles des "droits de l'homme". La défense et la promotion de ces droits intéressent donc également, constate-t-on, la stratégie apostolique et missionnaire de l'Église[6].

## LE "STATUT" DES FIDELES LAïCS

En introduisant l'Allocution qu'il fit au cours de l'Audience générale du 21 septembre 1994, le Pape Jean-Paul II annonça "une donnée positive de l'histoire de ce siècle, qui correspond à un développement notable de l'ecclésiologie". Il énonça ensuite ce que comportait globalement cette donnée positive de l'histoire. "Trop souvent, auparavant, l'Église apparaissait aux laïcs comme identifiée à la hiérarchie, si bien que leur attitude était plutôt celle de celui qui doit recevoir que celle de celui qui est appelé à l'action et à une responsabilité spécifique. Aujourd'hui, heureusement, beaucoup se rendent compte que, en union avec ceux qui exercent le sacerdoce ministériel, les laïcs eux aussi *sont* l'Église, et qu'ils ont des tâches importantes à remplir dans sa vie et son développement" (DC 1994, p. 926, ORF 27 sept. 1994, p. 12).

Le Pape évoque alors en quelques lignes les étapes de ce changement notable, appuyé particulièrement par Pie XI et par Pie XII, et dont la source est l'Esprit Saint.

Mais comment se présenta ce développement dans ses moments significatifs ?

### Au début du siècle

Au début du siècle, la définition bellarminienne de l'Église est courante dans les traités *De Ecclesia;* ceux-ci sont avant tout d'ordre apologétique et juridique. L'Église est la communauté des fidèles unis par la proclamation d'une même foi et la participation aux mêmes sacrements, sous l'autorité des pasteurs légitimes et spécialement du Pontife romain. Hiérarchique, l'Église est une *societas inaequalis* : elle comporte des chefs et des sujets. Cette doctrine est régulièrement rappelée aux fidèles qui font entendre leur voix de manière plus ou moins discutable.

Dans une Lettre adressée à l'archevêque de Tours à propos de certains écrits de publicistes catholiques, le Pape Léon XIII, le 17 décembre 1888, écrit : les pasteurs ont à enseigner, à gouverner, à régler la discipline de la vie, à donner les préceptes; quant à la "multitude", il lui appartient d'être soumise, d'être docile, de suivre les préceptes, de rendre hommage" (A.S.S., t. 21, 1888, p. 322). Pie X, dans l'Encyclique *Vehementer Nos* (11 février 1906), à l'occasion des événements politiques que connaissait la France à ce moment, rappelle que l'Église "est par essence une société *inégale* – souligné dans le texte français officiel – c'est-à-dire une société comprenant deux catégories de personnes, les Pasteurs et le troupeau (pastores et gregem), ceux qui occupent un rang dans les différents degrés de la hiérarchie, et la multitude des fidèles (multitudinem fidelium). Et ces catégories sont tellement distinctes entre elles que dans le corps pastoral seul résident le droit et l'autorité nécessaire pour promouvoir et diriger tous les membres vers la fin de la société; quant à la multitude, elle n'a d'autre devoir que celui de se laisser conduire et, troupeau docile, de suivre ses Pasteurs"[7].

### L'Action catholique et le Concile du Vatican

Vingt ans plus tard, le Pape Pie XI (1922-1939) appelait tous les fidèles, et notamment les jeunes, à l'Action catholique. Tous étaient conviés à cette forme d'apostolat. Toutefois, il s'agissait d'un apostolat d'ordre religieux, à exercer en pleine cohésion avec la hiérarchie, sous l'entière direction et sous la responsabilité de celle-ci. "Participation", disait-on au temps de Pie XI. "Collaboration", de préférence, à l'époque de Pie XII. Le thème et la célébration du Christ-Roi comportaient une nuance de chrétienté; mais l'intention concrète des fidèles était avant tout de refuser une neutralité areligieuse, voire antireligieuse, dans la société civile.

L'élan est soutenu. L'abbé Cardijn use même volontiers du vocable "conquête" : "conquête de la vie ouvrière", "conquête du milieu ouvrier". Certains milieux catholiques s'inquiètent. La royauté du Christ implique-t-elle la direction de la société par l'Église ? Aussi entend-on bientôt parler de "témoignage", de "présence rayonnante", si bien qu'au cours d'une allocution adressée à des catholiques de milieux "indépendants", le cardinal

Van Roey estima opportun de leur rappeler qu'un témoignage devait revêtir quelque "visibilité". Mais l'appel avait été entendu. En rééditant ses *Notes* de 1935 sous le titre *Laïcs en premières lignes*, en 1963, Mgr Cardijn écrivit : "transformation de la vie de travail", "transformation du milieu ouvrier"[8].

Le Concile Vatican II (1962-1965) développa largement la doctrine officielle de l'Église concernant le statut et l'apostolat des laïcs. Le chapitre IV de la Constitution *Lumen gentium* en décrit les fondements, les formes, ainsi que les relations avec les pasteurs. Le Décret *Apostolicam actuositatem* sur l'apostolat des laïcs reprend ces données essentielles, en déploie la variété, explicite les buts à atteindre et les divers champs d'apostolat (nn. 24-26). Et le Décret conclut : "Le Saint Concile adjure donc avec force au nom du Seigneur tous les laïcs de répondre volontiers avec élan et générosité à l'appel du Christ, plus insistant en ce moment, et à l'impulsion de l'Esprit" (n. 33).

Mais il y eut plus, à cette occasion, qu'une invitation universelle. La Constitution *Lumen gentium*, 12, précise que l'Esprit Saint accomplit son œuvre ecclésiale "non seulement par les sacrements et les ministères" mais "aussi lorsqu'il distribue parmi les fidèles de tous ordres... les grâces spéciales qui rendent apte et disponible pour assumer les diverses charges et les offices utiles au renouvellement *(renovatione)* et au développement *ædificatione)* de l'Église". Dès lors, précise le Décret sur l'apostolat des laïcs, 3 : "... de la réception de ces charismes, même les plus simples, résulte pour chacun des croyants le droit et le devoir d'exercer ces dons dans l'Église, dans la liberté du Saint-Esprit 'qui souffle où il veut' (Jean 3, 8), de même qu'en communion avec ses frères dans le Christ et très particulièrement avec ses pasteurs". On a remarqué l'allusion à la liberté. C'est que tout charisme, soulignent les canonistes de l'Université de Navarre, appelle un "espace de liberté", lequel est même, estimait P. Lombardía, "de droit divin"[9].

**Mises au point juridiques**

Le nouveau Code de droit canonique, en 1983, introduisit, en comparaison avec le Code de 1917, de très nombreuses indications d'ordre juridique et même d'ordre dogmatique concernant le statut des fidèles laïcs[10]. Ainsi, le canon 215 stipule que "les laïcs ont la liberté de fonder et de diriger librement des associations ayant pour but la charité et la piété, ou encore destinées à promouvoir la vocation chrétienne dans le monde, ainsi que de se réunir afin de promouvoir ensemble ces mêmes fins". Concernant ces associations, les pasteurs ont "un droit de regard", de "vigilance".

Au cours de l'élaboration du nouveau Code, on discuta même à un certain moment d'un éventuel "pouvoir de gouvernement" des laïcs dans la communauté ecclésiale. Mais sans succès. C'est ce que révèle une déclaration de Mgr W. Onclin à un quotidien bruxellois *La Libre Belgique* du 28 mars 1983 : "... ceux qui estimaient qu'il ne faut pas donner aux laïcs un pouvoir dans le gouvernement de l'Église l'ont emporté, puisque les laïcs ne peuvent recevoir qu'une charge de participation, de collaboration, toujours sous l'autorité d'un prêtre nommé par l'évêque".

Toutefois, précise le can. 212, §3 : "Selon le devoir, la compétence et le prestige dont ils jouissent, ils (les fidèles) ont le droit et même parfois le devoir de donner aux Pasteurs sacrés leur opinion *(sententiam suam)* sur ce qui touche le bien de l'Église et de la faire connaître aux autres fidèles, restant sauves l'intégrité de la foi et des mœurs et la révérence due aux pasteurs, et en tenant compte de l'utilité commune et de la dignité des personnes".

Ce canon est repris dans le *Catéchisme de l'Église catholique*, n. 907, qui rappelle aux fidèles laïcs leur participation aux charges pastorales (nn. 901-913) et leur rôle dans l'ordre social et politique (n. 2442).

Cet aspect de la promotion des fidèles laïcs dans l'Église peut être éclairé par la recherche théologique. Voici, par exemple, comment le professeur J. Ratzinger résumait et appréciait la doctrine ecclésiologique de saint Cyprien[11]. "D'un côté, avec une énergie qui demeure vigoureuse à travers l'histoire, il souligne : *nihil sine episcopo* (rien sans l'évêque), l'exigence de l'unité de l'Église locale soumise à l'évêque, l'exigence de la publicité de ce qui la concerne, atteignent leur précision et leur clarté les plus tangibles dans le combat que mène Cyprien contre les communautés électorales et la formation de groupes. Mais le même Cyprien déclare en face de son presbyterium, de façon non moins nette : *nihil sine consilio vestro* (rien sans votre conseil), et il dit de manière aussi claire à sa communauté : *nihil sine consensu plebis* (rien sans l'assentiment du peuple). Cette triple forme de coopération à l'édification de la communauté représente le modèle classique de la 'démocratie' ecclésiale. La 'démocratie' ecclésiale ne provient pas de la transposition d'un modèle étranger à l'Église, mais elle découle de la structure même de l'Église, et, par voie de conséquence, elle est conforme au droit spécifique que possède l'Église". C'est là un élément de réflexion, mais il porte loin.

Entre-temps, l'évolution s'est poursuivie. Et l'Exhortation Apostolique *Christifideles laici* publiée à la suite du Synode d'évêques, le 30 décembre 1988, résume en une charte imposante toute la doctrine actuelle de l'Église concernant les laïcs et leur mission dans l'Église et dans le monde (DC 1989, p. 152-196).

**Une explication de ce changement**

Comment expliquer ce changement, ce progrès en l'occurrence ? On est amené, en ce cas, à faire intervenir un des facteurs de tout développement du message chrétien, l'action des fidèles laïcs eux-mêmes. Dans la mesure où la "multitude" des fidèles largement analphabète devient une société adulte grâce à l'enseignement et à l'éducation – notamment dans les régions où ces services sont généralisés, voire obligatoires et même gratuits – on constate, dans tous les domaines de la vie privée et publique, un déploiement de compétence, d'indépendance, de conscience des droits, etc. L'évolution qu'a connue la conception de l'État moderne – de droit, démocratique et pluraliste – en est un signe majeur. Or, ce sont les mêmes personnes qui, lorsqu'elles sont chrétiennes, œuvreront de la même manière au cœur de la communauté ecclésiale.

Le Pape Jean-Paul II l'avait bien remarqué. En effet, le 30 septembre 1985, recevant quelques évêques du Brésil, il leur dit... "... faciliter l'alphabétisation et l'éducation de base est un service fondamental à rendre à de multiples marginaux. Un homme qui apprend à lire et à écrire comprend mieux l'importance de l'hygiène, a de plus grandes possibilités de veiller à sa santé, connaît mieux ses propres droits et devoirs, éprouve le désir de participer, commence à se redresser, à se rendre compte de sa liberté, non pas celle qu'on veut lui imposer, mais celle qui lui

revient" (O.R., 30 sept.-1 oct. 1985; O.R.F., 12 nov. 1985, p. 9).
Comme l'alphabétisation et l'éducation sont en progrès constant
dans le monde, les temps futurs pourraient connaître quelques
périodes d'agitation.

## LES AUTRES CHRÉTIENS ET L'ŒCUMÉNISME

Au début du XXe siècle, l'apologétique de l'Église est soutenue par l'argument des "notes", unité, sainteté, catholicité, apostolicité. Avec fermeté, il est montré, ou bien que ces notes ne se retrouvent que dans l'Église catholique, ou bien que les autres Églises et Communautés chrétiennes ne les possèdent pas. Les mises au point auxquelles la méthode est soumise, notamment par rapport aux orthodoxes, ne fait guère évoluer le mouvement général de l'argumentation. Et l'union voulue par le Christ se réalise par la conversion, voire l'abjuration.

Le Droit canonique de 1917 rappelle aux catholiques qu'ils doivent éviter les discussions et les rencontres, "surtout publiques", avec les "a-catholiques" – les *acatholici* – à moins d'avoir obtenu l'autorisation du Saint-Siège ou, en cas d'urgence – *si casus urgeat* – de l'Ordinaire du lieu (can. 1325 §3).

Un effort a été accompli à l'occasion des rencontres appelées "Conversations de Malines", tenues par le cardinal Mercier, Lord Halifax et l'abbé Portal notamment, de 1921 à 1925[12]. Elles étaient privées. Le Pape Pie XI fut d'abord assez accueillant; mais, face au mécontentement de certains prélats romains et de la hiérarchie catholique anglaise, il devint réticent. L'Encyclique *Mortalium animos* du 6 janvier 1928 (D.-S. n. 3683) fut particulièrement restrictive.

Déjà, la première Conférence universelle de *Foi et Constitution,* qui s'était tenue à Lausanne en août 1927, avait donné lieu à quelques mises en garde. Le *dubium* suivant fut proposé à la Congrégation du Saint-Office : "Est-il permis aux catholiques d'assister à des Assemblées ou de favoriser des Conférences ayant pour but de réunir en une alliance religieuse – *uno religionis fœdere consocientur* – ceux qui revendiquent le nom de chrétien ?" (Voir DENZ.-BANNWART, n. 2199, car ce Décret a été omis en D.-S., comme indiqué à la fin du n. 3682). Le 8 juillet 1927, le Saint-Office répondit : "Non, il faut s'en tenir au Décret de la Suprême Congrégation, du 4 juillet 1919" (A.A.S., t. 11, 1919, p. 309). Or, ce Décret renvoyait lui-même aux instructions du Saint-Office en date du 16 septembre 1864 concernant la participation des catholiques à l'*Association for promoting of Union of Christendom*, fondée en 1857 entre des catholiques romains et des chrétiens anglicans (A.A.S., t. 19, 1927, p. 278).

### L'œcuménisme prend forme

Cependant, l'œcuménisme commençait à prendre forme. Nombreux étaient à cette époque les catholiques qui reconnaissaient la qualité "chrétienne" de ces frères "séparés". Malheureusement, ceux-ci, ces "dissidents", étaient couramment perçus de manière négative. Et ce regard négatif se déployait en un comportement, une prière, une théologie, un statut juridique de même type. Or, ces *acatholici*, on les rencontrait de plus près, plus souvent, plus intimement. Le réalisme de l'existence transforma le formalisme doctrinal. En 1937, le P.Y. Congar publia *Chrétiens désunis. Principes d'un "œcuménisme" catholique.* Mais toute opposition n'était pas ralentie. On pourrait demander au P. Congar le détail des difficultés que rencontra le projet de traduction de *Chrétiens désunis* en langue italienne.

À l'occasion de l'Assemblée du Conseil œcuménique des Églises à Amsterdam (22 août - 4 septembre 1948), la question de la participation des catholiques fut posée à nouveau. Le 5 juin 1948, un *Monitum* du Saint-Office expliquait que, à certaines conditions, prendre part aux réunions ou assemblées avec les non-catholiques était possible, mais avec l'accord préalable de l'autorité compétente (A.A.S., t. 40, 1948, p. 257). Mais le 18 juin, on apprenait qu'une décision récente avait été prise par le Saint-Office, stipulant qu'aucun catholique ne pouvait assister à l'Assemblée d'Amsterdam sans l'autorisation préalable du Saint-Siège, et, ajoutait-on couramment, ce dernier n'accorderait la permission à personne. De fait, quelques catholiques furent présents, comme journalistes uniquement. Heureusement, l'Instruction *Ecclesia catholica* (20 déc. 1949) apporta une réflexion importante et réellement "ouverte" concernant les réunions théologiques mixtes ayant pour objet la réunion des

Églises et des Communautés chrétiennes, avec, certes, les mises en garde d'usage et appelant à "revenir" à l'Église, au "retour" à l'Église[13].

C'est peu après que naquit la "Conférence catholique pour les questions œcuméniques" qui allait, pendant une dizaine d'années, rassembler chaque année un groupe important de théologiens catholiques particulièrement actifs en matière d'œcuménisme[14]. Après une tournée en Europe, pour préciser les contours de leur projet, deux prêtres hollandais, J. Willebrands et Fr. Thijssen, organisèrent d'année en année une réunion de réflexion œcuménique. La première eut lieu à Fribourg (Suisse) en 1952 et la dernière, à Gazzada, en 1963. Avec les bienfaits et les difficultés inhérentes à toute initiative de ce genre, les Conférences constituèrent, au cours des années 50, un très précieux laboratoire d'œcuménisme.

### L'appui du Concile Vatican II

Si la dernière réunion de la Conférence se tint en 1963, c'est que, entre-temps, d'importants événements avaient eu lieu. Un Concile œcuménique avait été annoncé en 1959. Le 5 juin 1960, dans le Motu Proprio *Superno Dei nutu* qui inaugurait la phase préparatoire du Concile, un Secrétariat pour l'Unité des chrétiens était évoqué, "pour que les autres chrétiens puissent suivre les travaux" (DC 1960, c. 709). Peu après, le cardinal A. Bea en était nommé Président, puis Mgr J. Willebrands, Secrétaire. Et 16 membres, avec 20 consulteurs, en achevèrent la composition. Un an plus tard, le 25 décembre 1961, dans la Bulle d'Indiction du Concile, Jean XXIII faisait allusion à l'envoi de représentants des autres chrétiens (DC 1962, c. 104). Et c'est ainsi qu'un événement assez inattendu allait se produire. Une soixantaine de représentants officiels des Églises et Communautés chrétiennes allaient assister à toutes les séances d'un Concile œcuménique ! Le Secrétariat pour l'Unité était leur point de rencontre hebdomadaire. Toutefois, on peut imaginer aisément que l'unanimité n'était pas acquise parmi les 2200 Pères conciliaires.

Le Secrétariat pour l'Unité eut à assumer la tâche très délicate d'intervenir au cours de l'élaboration de tous les documents conciliaires relatifs à l'œcuménisme lui-même, à la question juive. Cette tâche connut une histoire complexe, aux obstacles les plus divers, avec des succès mais aussi des retards et des revirements sans nombre. À la fin de la troisième Session, beaucoup appréhendaient le pire. La *Settimana nera*, titraient les journaux italiens. La semaine du lundi 16 au samedi 21 novembre ! Le lundi, ce fut l'annonce de la fameuse *Nota explicativa prævia*, source de bien des remous concernant le contenu de cette *Note* proposée par le Pape, et sur son application au chapitre III de *Lumen gentium* ou à l'ensemble de cette Constitution. Le mardi et le mercredi, est distribué un texte sur la liberté religieuse encore en discussion. Le jeudi 19, Mgr Felici annonce que le texte définitif du Décret sur l'œcuménisme allait être soumis à l'approbation conciliaire le lendemain... mais avec des "suggestiones benevolas auctoritative expressas" et introduites dans le texte par la direction du Secrétariat. Et donc sans l'avis des Pères conciliaires. "Étonnement", "mécontentement", "consternation", tels étaient les termes le plus entendus à ce moment (DC 1965, c. 238, note 1)[15]. Un feuillet polycopié montrait que 19 corrections avaient été adoptées sur les 40 proposées par le Pape. À y regarder de plus près, on put constater que rien de "positif" n'avait été atteint, et que deux corrections bienvenues avaient été admises. Si bien que lorsque le texte sur l'œcuménisme fut mis au vote le vendredi 20 novembre, il fut accepté par 2054 oui et 64 non. Enfin, le samedi 21, lors de la proclamation finale des textes conciliaires de la troisième Session, il fut adopté par 2137 oui et 11 non.

Depuis, les positions fondamentales de l'œcuménisme sont acquises. Le Secrétariat pour l'Unité des chrétiens est devenu Conseil Pontifical pour l'Unité des chrétiens. Les rencontres personnelles sont devenues fréquentes et aisées; mais des problèmes d'ordre dogmatique et historique demeurent non résolus.

On pourra aisément se rendre compte de l'ampleur acquise par les multiples manifestations œcuméniques, en consultant le *Service d'information* publié chaque année, en quatre livraisons, par le Conseil Pontifical pour la Promotion de l'Unité des Chrétiens. On y trouvera le détail des nombreuses allocutions, visites, rencontres, conférences qui manifestent la vie et le déploiement de l'œcuménisme contemporain.

## LES CATHOLIQUES ET LES RELIGIONS DU MONDE

Un fidèle de nos régions, au début de ce siècle, avait sans doute entendu parler des "païens", citoyens du monde mais peu connus en réalité, objet de récits plus ou moins défavorables, où foisonnaient les termes "infidèles", "païens". Ce sont les "Gentils" ou les "Nations" de la Bible. Qu'auraient-ils pu évoquer de valable, de recevable, même en matière de culture et de traditions ? Pour le reste, il fallait les confier à la bienveillance de Dieu : ils n'étaient pas membres de l'Église, et "Hors de l'Église, point de salut". On n'osait guère s'étendre longuement sur le thème théologique du "petit nombre des élus", thème réservé à quelques spécialistes.

Les milieux théologiques, au cours de ces premières décennies, ont rencontré la question des "infidèles", du "paganisme". Ils ont développé un certain nombre de considérations défavorables à leur sujet, mais parfois aussi quelques rayons moins assombris[16]. Les thomistes savaient que, pour saint Thomas, les rites des païens n'ont ni vérité, ni utilité – *nihil veritatis aut utilitatis* [17]. Dans des milieux protestants liés à la théologie dite dialectique, les religions non chrétiennes sont erreur et égarement, faute et corruption, Irrtum und Irrung, Schuld und Verderben ![18] Et pourtant, d'autres auteurs défendaient aussi la théorie du Logos spermaticos de saint Justin, l'économie du salut "au niveau universel" qu'expliquaient des exégètes, l'œuvre pacifique de Nicolas de Cuse et de son *De pace fidei,* et d'autres signes d'ouverture et de prise en considération[19].

Mais restait, tout aussi ferme, et combien traditionnel, l'adage : "Hors de l'Église point de salut" ! Alors ?

### "Hors de l'Eglise, point de salut"

L'interprétation juste de cet adage a été présenté par le Saint-Office lui-même en 1949, à l'occasion d'un débat né aux États-Unis, au cours des années 40[20]. À Boston College, institution dirigée par la Compagnie de Jésus, se développa une controverse sur la signification de l'adage en question. "Tous ceux qui n'étaient pas explicitement membres de l'Église visible étaient damnés, et hérétiques ceux qui défendaient publiquement la doctrine opposée". Le Recteur du Collège révoqua quelques professeurs qui appuyaient cette opinion. Mais le P. Léonard Feeney, directeur du Centre Benoît de Cambridge – foyer des étudiants catholiques de l'Université de Harvard – prit le parti de ces professeurs et les accueillit comme conférenciers dans son Centre. Mgr R.J. Cushing, archevêque de Boston, se vit forcé de réagir. D'ailleurs, le 8 août 1949, la Congrégation du Saint-Office lui avait envoyé une Lettre qui ne fut pas rendue publique à l'époque. Le P. L. Feeney poursuivit son action. Le 4 septembre 1953, l'archevêque de Boston estima nécessaire de publier la Lettre du Saint-Office. Le 12 février 1953, le P. L. Feeney était excommunié. Décédé aujourd'hui, il avait à la fin de ses jours accepté de se rétracter de manière générale.

Trop longue pour être publiée entièrement, cette Lettre comporte, en résumé, une explication avançant par degré. 1- Le Seigneur a donné mandat à ses Apôtres d'enseigner à toutes les Nations ce qu'il leur avait ordonné (Mt 28, 19-20) et notamment qu'il invite tous les hommes à être incorporés dans son Église, laquelle leur offre les moyens de salut sans lesquels nul ne peut entrer dans le Royaume. 2- Cependant, comme il s'agit là de moyens de salut ordonnés à la fin ultime de l'homme "non par nécessité intrinsèque, mais seulement par institution divine", le Seigneur a voulu que "leurs effets salutaires puissent également être obtenus dans certaines circonstances, lorsque ces moyens sont seulement objet de *désir* ou de *souhait* ". 3- Dès lors, appliquant ce principe à l'Église en tant que "moyen général de salut", on peut et on doit dire : "Pour qu'une personne obtienne le salut éternel, il n'est pas toujours requis qu'elle soit *de fait* incorporée à l'Église en tant que membre, mais il faut lui être uni tout au moins par le *désir* ou le *souhait* ". 4- De plus, "il n'est pas toujours nécessaire que ce souhait soit explicite, comme dans le cas des catéchumènes : lorsque quelqu'un est dans une ignorance invincible, Dieu accepte un *désir implicite,* ainsi appelé parce qu'il est inclus dans la bonne disposition de l'âme par laquelle on désire conformer sa volonté à celle de Dieu". 5- Ce désir n'est salutaire que s'il est animé par la charité parfaite et grâce à la foi surnaturelle.

Ainsi, d'autorité, le Saint-Office fixait la teneur exacte de l'ancien adage "Extra Ecclesiam nulla salus". On était loin de ce qu'il signifiait dans l'esprit de beaucoup. Le consensus des théologiens fut plus aisé. Et, au fond du cœur, les fidèles étaient assez heureux d'apprendre qu'une instance officielle refusait de condamner à l'enfer tous ceux qui n'étaient pas membres de leur Église.

Une nouvelle époque s'ouvrait. Désormais, il devenait plus aisé et mieux accueilli de s'intéresser à ce que ces "religions" pouvaient comporter de bon, d'acceptable, de bienfaisant : messages, rites, sacrifices, prières, ministres.

Les théologiens soulignèrent régulièrement que si la Révélation nous faisait connaître l'économie de salut "judéo-chrétienne" réalisée pleinement dans l'Église de Jésus-Christ, cette même Révélation nous fait entrevoir une économie de salut "universelle", développée dans le récit de l'Alliance avec Noé, à qui Dieu promet une alliance perpétuelle avec tout être vivant qui est sur la terre (Gen. 9, 8-17)[21].

Et puis, et surtout, ces non-chrétiens, on les connaissait beaucoup mieux qu'en 1900 ! Par la télévision, par les voyages, par leur présence en nos régions, par les écrits qui en parlaient, par les centres qu'ils créaient, par les Rencontres auxquelles ils prenaient part. D'abstrait et plutôt négatif, le jugement porté sur eux devenait plus réaliste, plus nuancé, plus juste.

D'ailleurs, les Occidentaux eux-mêmes commençaient à constater et à reconnaître qu'ils n'étaient pas les seuls à occuper la terre, qu'ils avaient certes des qualités mais aussi des défauts, qu'ils jouissaient d'une culture mais que les autres n'en étaient pas dépourvus, bref, que leur vision des choses devait se faire "planétaire".

## La réflexion à l'époque du Concile

On ne s'étonnera pas, dès lors, de voir le Concile du Vatican II proposer, par étapes progressives, une *Déclaration sur les relations de l'Église avec les Religions non chrétiennes* [22]. Ce thème n'avait pas été prévu par les travaux préparatoires. Il y avait été avant tout question de faire une mise au point à propos des juifs et des expressions nettement péjoratives dont ils étaient l'objet dans la catéchèse et dans une Oraison liturgique. Au début du Concile, on savait que le Pape Jean XXIII avait confié au cardinal Bea et au Secrétariat pour l'Unité l'élaboration d'un texte appelé alors *Decretum*. On envisagea diverses manières de relier ce texte à d'autres documents en préparation. Les discussions sur la manière de rectifier les formules péjoratives à l'égard des juifs ou sur la façon de condamner l'antisémitisme furent longues... tandis que, au même moment, de nombreux ambassadeurs des pays proche-orientaux demandaient à être reçus en audience par le Pape Paul VI. Finalement, à la troisième Session, un texte amplifié fut proposé et accepté, en quatre points. 1- Préambule, sur l'homme et les questions ultimes. 2- Les diverses religions non chrétiennes. 3- La religion musulmane. 4- La religion juive. 5- La fraternité universelle excluant toute discrimination. On imagine mal combien cette élaboration fut laborieuse, discutée, diversement reçue.

Toutefois, on possédait désormais un document ecclésiastique officiel, et même conciliaire, sur les Religions non chrétiennes. En voici un passage caractéristique. Les religions qu'on trouve de par le monde "s'efforcent d'aller au devant, de façons diverses, de l'inquiétude du cœur humain en proposant des voies, c'est-à-dire des doctrines, des règles de vie et des rites sacrés. L'Église catholique ne rejette rien de ce qui est vrai et saint dans ces religions. Elle considère avec un respect sincère ces manières d'agir et de vivre, ces règles et ces doctrines qui, quoiqu'elles diffèrent en beaucoup de points de ce qu'elle-même tient et propose, cependant apportent souvent un rayon de la vérité qui illumine tous les hommes. Toutefois, elle annonce, et est tenue d'annoncer sans cesse, le Christ qui est 'la voie, la vérité et la vie (Jean 14, 6), dans lequel les hommes doivent trouver la plénitude de la vie religieuse et dans lequel Dieu s'est réconcilié toutes choses'" (n. 2).

La recherche théologique relative aux religions a donné un statut systématique au texte conciliaire[23]. Les religions proposent des éléments de "vérité" et de "sainteté". Cependant, c'est le Christ qui est "la" Voie en laquelle les hommes trouveront la "plénitude de la vie religieuse". Ce n'est plus la théologie d'"exclusion", élaborée en liaison avec l'adage "hors de l'Église point de salut". C'est une théologie "d'inclusion", et donc "positive", mais "jusqu'à un certain point" et d'"une certaine manière".

Voici comment cette théologie est résumée de nos jours. "Une deuxième orientation reçoit le titre de *théologie de l'accomplissement*. Dans cette optique, les religions non chrétiennes ne sont pas des médiations de salut mais une préparation à l'unique histoire du salut. Les valeurs de ces religions sont orientées de soi vers leur accomplissement dans la religion chrétienne. Une fois identifiées, ces valeurs devront être purifiées afin d'être assumées en régime chrétien. De cette façon, elles trouveront leur plein accomplissement"[24].

C'est là un progrès incontestable : certaines valeurs des religions non chrétiennes peuvent espérer un avenir : il faut les identifier, les purifier, les assumer en régime chrétien, et c'est de cette façon qu'elles trouveront leur accomplissement.

### Vers une expression plus "ouverte"

Cependant, des théologiens estimèrent que cette théologie de l'accomplissement n'accordait de valeur, de réalité recevable, dans ces religions, qu'à ce qui pouvait coïncider un jour avec le message chrétien. Ils proposèrent alors une "théologie pluraliste" des religions[25]. Cette théologie présente comme fondement la doctrine de l'économie "universelle" du salut Ses protagonistes en concluent : "Dieu veut que toutes les religions soient des moyens de salut". Ces religions devraient donc être appelées des voies "ordinaires" du salut au sens de "moyen authentique voulu par Dieu". Et Jésus-Christ est proclamé Seigneur et Sauveur, parce que Dieu "sauve les personnes à travers leur propre tradition, de la même manière qu'il sauve les chrétiens en Jésus-Christ".

Inacceptable dans ses principes fondamentaux, cette théologie pluraliste nous invite néanmoins à nous demander si notre théologie de *l'accomplissement* n'est pas susceptible d'une certaine "ouverture"[26]. Elle donne parfois l'impression de nier toute valeur "propre" aux biens que proposent les diverses religions. Ces biens sont une "préparation", certes; mais ce terme ne voile-t-il pas une certaine consistance réelle et d'ailleurs reconnue ? Ces biens doivent être "purifiés"; mais cette purification ne fait-elle pas oublier quelque peu la réalité valable qui demandait quelque purification ? Et si le salut en Jésus-Christ est en effet le bien de l'Église en plénitude, cela signifie-t-il que Dieu n'a pu offrir à toutes les autres religions que ce qui est déjà, à tous égards, présent dans le christianisme ? Certains biens proposés par les religions sont susceptibles de "devenir" chrétiens, mais ne pourrait-on pas dire simplement qu'ils sont en "concordance" avec ce qui a été révélé aux judéo-chrétiens, plutôt que d'en faire exclusivement une "préparation à" ?

Le dialogue interreligieux, vécu sincèrement mais avec discernement, est "riche en promesses", déclare le Document *Dialogue et Annonce* publié par le Conseil Pontifical pour le Dialogue interreligieux et la Congrégation pour l'évangélisation des peuples le 19 mai 1991, jour de la Pentecôte (voir DC 1991, p. 874-890). En effet, "si les chrétiens entretiennent une telle ouverture, et s'ils acceptent d'être mis eux-mêmes à l'épreuve, ils deviendront capables de recueillir les fruits du dialogue. Ils découvriront alors avec admiration tout ce que Dieu, par Jésus-Christ et en son Esprit, a réalisé et continue de réaliser dans le monde et dans l'humanité tout entière. Loin d'affaiblir leur foi chrétienne, le vrai dialogue l'approfondira. Ils deviendront toujours plus conscients de leur identité chrétienne et percevront plus clairement ce qui est propre au message chrétien. Leur foi gagnera de nouvelles dimensions, tandis qu'ils découvriront la présence agissante du mystère de Jésus-Christ au-delà des frontières visibles de l'Église et du bercail chrétien" (p. 862).

## LES RELATIONS ENTRE L'ÉGLISE ET L'ÉTAT

Ce qui frappe également nos contemporains, c'est l'évolution qui est intervenue dans la doctrine catholique relative aux relations entre l'Église et l'État.

À la Renaissance, la *Respublica christiana* a été disloquée : la division règne parmi les chrétiens et, par ailleurs, les nations européennes prennent de plus en plus de personnalité. Les États se présentent alors comme des sociétés parfaites, c'est-à-dire jouissant de tous les moyens nécessaires à l'obtention de leur fin propre. À son tour, l'Église catholique va se présenter comme une société parfaite, mais dans l'ordre spirituel. Le Pape Léon XIII, dans l'Encyclique *Libertas praestantissimum,* du 20 juin 1888, porte cette doctrine à sa maturité (D.-S., nn. 3245-3255). Désormais, s'établit un face-à-face entre deux sociétés parfaites.

Mais la conception de l'État allait évoluer. L'État dit "moderne" a comme idéal un État de droit, démocratique, pluraliste, non-confessionnel. Cet État se doit de reconnaître et d'harmoniser tous les droits humains fondamentaux des citoyens, et donc également les droits cultuels et religieux. L'accent va alors se déplacer de la supériorité de la société parfaite spirituelle par rapport à la société parfaite temporelle vers la recherche d'un aménagement du cadre juridique qui reconnaîtrait à la communauté ecclésiale une liberté réelle au cœur de la société civile.

Ce changement prit forme progressivement à l'époque de Pie XII (1939-1958). Dès la première Encyclique *Summi Pontificatus* (29 octobre 1939), Pie XII rappelle les limites de la mission et de la compétence de l'État, qui "est de contrôler, aider et régler les activités privées et individuelles de la vie nationale" (D.-S., nn. 3780-3786). Le Message de Noël de 1944 a pour thème la "démocratie" et sa mise en œuvre. L'être humain, dit le Pape, loin d'être l'objet de la vie sociale, "est au contraire et doit en être et rester le sujet, le fondement et la fin" : *deve esserne e rimanerne il soggetto, il fondamento e il fine* (A.A.S., t. 37, 1945, p. 12). Ici, constate J.C. Murray, "Pie XII laisse totalement de côté l'ancien concept léonien de l'État-société, avec sa double notion de bien commun et de la fonction quasi paternelle du pouvoir"[27]. Le 6 décembre 1953, lors de l'Assemblée nationale de l'Union des juristes italiens, Pie XII développa le thème de "la pluralité des confessions religieuses devant la loi" (DC 1953, c. 1601-1608). Le 23 mars 1958, recevant en audience la colonie des Marches vivant à Rome, Pie XII leur dit, comme "en passant" : "Il y en en Italie qui s'agitent parce qu'ils craignent que le christianisme prenne à César ce qui est à César. Comme si donner à César ce qui lui appartient n'était pas un commandement de Jésus, comme si la légitime et saine laïcité de l'État n'était pas un des principes de la doctrine catholique, *come se la legittima sana laicità dello Stato non fosse uno dei principi della dottrina cattolica* " (O.R. 24-25 mars 1958; DC 1958, c. 456). Il ne faut pas construire sur cette incise tout un traité de droit public ecclésiastique. Mais à l'époque, on y a vu une mise au point à propos d'un discours récent du cardinal A. Ottaviani, dont les conceptions théologiques étaient déjà refusées de divers côtés[28].

Lors de la préparation du schéma sur l'Église en vue du Concile du Vatican II, le cardinal A. Ottaviani assura lui-même la rédaction d'un chapitre IX *De relationibus inter Ecclesiam et Statum*, dans lequel il reprenait le face-à-face des deux sociétés parfaites (n. 40), et les divers devoirs religieux du pouvoir civil, *Officia religiosa Potestatis civilis* (n. 42)[29]. Mais c'était là une dernière bataille du célèbre canoniste romain. La Commission centrale préparatoire était réticente, et le cardinal aménagea quelque peu son texte. Puis, les Pères conciliaires demandèrent un renouvellement du schéma sur l'Église. Et dans ce renouvellement, le fameux chapitre IX disparut.

Les Pères conciliaires s'orientèrent rapidement dans les perspectives entrevues du temps de Pie XII. La Déclaration *Dignitatis humanae* sur la liberté sociale et civile en matière religieuse est très significative à ce sujet. Le n. 13 décrit en résumé le changement de perspectives adopté. L'Église, tout en demeurant une "société parfaite" spirituelle avec sa réalité et ses effets dogmatiques, se présente désormais, face à l'État moderne, comme une communauté de personnes qui sont citoyens d'un État, et qui demandent à celui-ci la reconnaissance et les possibilités d'exercice de tous leurs droits fondamentaux, et en particulier de leurs droits cultuels et religieux. Ce qui est en jeu pour l'Église, ce n'est pas d'être une puissance temporelle, mais de jouir de la liberté nécessaire à l'accomplissement de la mission qui lui a été confiée par le Christ, bref, la *libertas Ecclesiae*. "Le Concile Vatican II a réalisé, en quelques années, un changement de perspective doctrinale considérable", écrit Mgr R. Minnerath, "... il a résolument voulu placer le problème des rapports de l'Église et des sociétés politiques sur un terrain commun aux deux protagonistes. Elle l'a trouvé dans la notion juridique de liberté religieuse, que le droit contemporain range parmi les droits inaliénables de l'homme"[30].

## Nouveau statut et collaboration

Si telle est la situation officielle de la communauté que constitue désormais la Communion ecclésiale catholique, il en résulte, pour sa vie, son activité, son devenir, un certain nombre de conséquences. Et notamment l'appel sans détour à la collaboration avec les autres communautés de l'espace social et civil du pays.

Certains appels à la collaboration envisagent celle-ci à un niveau très large, et notamment en Europe. En 1977, à l'époque du Pape Paul VI, au cours d'une *Journée européenne* organisée à Ottobeuron, le cardinal G. Benelli précisa ce que pourrait être la contribution de l'Église catholique. "L'Église catholique – Pape, évêques et laïcs en communion avec lui – ne s'arroge nullement ni n'a aucunement l'intention de s'arroger une hégémonie dans l'action en faveur de l'édification d'une Europe unie. Il appartient à toutes les Églises chrétiennes, quelle que soit leur dénomination, d'apporter leur contribution à la réalisation d'un rêve d'unité, en vertu du message évangélique et des réalités de l'histoire de l'Europe... Les Églises en Europe ont à ce sujet une grande responsabilité : alimenter un profond respect réciproque, rechercher une pleine compréhension, poursuivre dans la clarté et la confiance le chemin vers la 're-composition' de l'unité; c'est un grave devoir qui s'impose à tous les chrétiens, catholiques et non-catholiques".

"Au surplus, dans toute action en faveur d'une nouvelle Europe, les chrétiens se savent solidaires également des hommes et des femmes qui, sans partager leurs convictions religieuses, se sentent pourtant interpellés par les mêmes problèmes et croient dans la valeur irremplaçable de l'homme dans sa responsabilité envers les autres, en justice et compréhension mutuelle, dans ses finalités éthiques et dans la solidarité entre tous" (DC 1977, p. 1041).

Et ce n'est pas là une voix isolée. En avril 1979, le P. Huot-Pleuroux, secrétaire général du Conseil des Conférences épiscopales d'Europe, présentait à la presse une Déclaration des Présidents de ces Conférences, à l'occasion des élections au Parlement européen. On pouvait y lire : "L'union européenne – qui peut prendre des visages divers – ne se réalisera pas sans un esprit d'ouverture et de fraternité, de respect et d'accueil vis-à-vis des autres, de leurs personnes, de leur manière de penser, de sentir et d'agir. La reconnaissance vraie des autres et la volonté de collaborer avec eux impliquent toujours des renoncements, des sacrifices, des changements de mentalité, moyens et condition de la vraie liberté des enfants de Dieu. Nous croyons les Européens capables de la comprendre en vue du plus grand bien de tous. Les jeunes, en particulier, nous provoquent souvent sur ce point. N'hésitons pas à quitter certaines réticences héritées du passé et à assumer 'un risque raisonnable' (Pie XII, 24 décembre 1953) de construire l'avenir" (DC 1979, p. 434).

"Un risque raisonnable" ? L'expression est en effet de Pie XII. Dans le Radio-Message de Noël 1953, le 24 décembre, Pie XII évoquait la paix parmi les peuples d'Europe et la nécessité de passer à l'action. Toutefois, "à qui demanderait d'avance la garantie absolue du succès, il faudrait répondre qu'il s'agit certes d'un risque, mais nécessaire, d'un risque, mais adapté aux possibilités présentes, d'un risque raisonnable... Pour l'Europe, il n'y a pas de sécurité sans risques. Celui qui exige une certitude absolue ne montre pas sa bonne volonté envers l'Europe" (DC 1954, c. 9-10; OR 25.12.1953).

Cette évolution, le Pape Jean-Paul II l'a clairement adoptée et défendue au cours de son quatrième voyage en France lorsque, le

11 octobre 1988, il a été reçu par le Parlement européen. Chez certaines personnes, dit-il, "la liberté civile et politique, jadis conquise par un renversement de l'ordre ancien fondé sur la loi religieuse, est encore conçu comme allant de pair avec la marginalisation, voire la suppression de la religion, dans laquelle on a tendance à voir un système d'aliénation. Pour certains croyants, en sens inverse, une vie conforme à la foi ne serait possible que par un retour à cet ordre ancien, d'ailleurs souvent idéalisé. Ces deux attitudes antagonistes n'apportent pas de solution compatible avec le message chrétien et le génie de l'Europe". Un peu plus loin, Jean-Paul II revient sur le même thème. "Notre histoire européenne montre abondamment combien souvent la frontière entre 'ce qui est à César' et 'ce qui est à Dieu' a été franchie dans les deux sens. La chrétienté latine médiévale – pour ne mentionner qu'elle – ... n'a pas toujours échappé à la tentation intégraliste d'exclure de la communauté temporelle ceux qui ne professaient pas la vraie foi. L'intégralisme religieux, sans distinction entre la sphère de la foi et celle de la vie, aujourd'hui encore pratiqué sous d'autres cieux, paraît incompatible avec le génie propre de l'Europe tel que l'a façonné le message chrétien" (DC 1988, p. 1045).

## SAINTETÉ, PERFECTION ET CHARITÉ

Au cours des premières décennies de ce siècle, le terme "sainteté" n'était pas courant parmi les fidèles. Ceux-ci pouvaient être fervents, édifiants, généreux. Mais ils étaient, pour la plupart, en état de mariage, et les enseignements ecclésiastiques sur le mariage étaient peu diserts sur la perfection chrétienne à rechercher dans et par la vie de mariage. Les fidèles étaient avant tout invités par les catéchismes[31] et par la prédication à se rappeler que "l'homme a été créé par Dieu pour le servir en cette vie, et pour le posséder éternellement dans l'autre" (p. 9). La perspective de la vie éternelle domine. C'est là une donnée plus qu'appréciable, lorsqu'on y pense sereinement. L'idée de sanctification apparaît cependant dans la définition de la grâce "sanctifiante", un "don surnaturel et permanent, qui communique à notre âme la vie surnaturelle, nous rend saints ou justes, enfants de Dieu et héritiers du ciel" (p. 74).

Bref, la "perfection" était généralement considérée comme l'objectif spécifique des chrétiens qui vivaient en communauté, qui priaient longuement, qui s'engageaient à la pratique des trois conseils évangéliques. Quel fidèle du début de ce siècle n'a jamais entendu dire : "La perfection, c'est pour les couvents" ?

Les fidèles qui s'exprimaient ainsi ne se doutaient certes pas que leur conception avait reçu une approbation officielle et juridique dans l'Église du XIIe siècle. Gratien, un des grands maîtres canonistes de cette époque, a défendu cette doctrine. "Il y a deux sortes de chrétiens" – *duo sunt genera christianorum* – écrivait-il. La première, qui est liée à la contemplation ou au culte, représente ceux que nous appelons aujourd'hui le clergé et les religieux. Mais, poursuivait Gratien, "il est une autre sorte de chrétiens, dont sont les laïcs... À ceux-là, il est permis (*licet*) de posséder des biens temporels, mais seulement pour les besoins de l'usage... Ils sont autorités (*concessum est*) à se marier, à cultiver la terre, à dirimer les querelles par un jugement, à plaider, à déposer des offrandes sur l'autel, à payer les dîmes : ainsi peuvent-ils être sauvés, si toutefois ils évitent les vices et font le bien"[32].

## Fin d'un malentendu

Ce malentendu était courant en 1920. Le Pape Pie XI le reconnaissait dans l'Encyclique qu'il publia à l'occasion du troisième centenaire de la mort de saint François de Sales (+ 1622), l'auteur bien connu de l'*Introduction à la vie dévote*. Ce saint, écrit le Pape, "a été donné à l'Église, pour réfuter... un préjugé déjà en vogue à son époque et encore répandu de nos jours – *opinionem iam inveteratam, quae ne hodie refrixit* – à savoir que la véritable sainteté, conforme à l'enseignement de l'Église catholique, dépasse la portée des efforts humains, ou à tout le moins qu'elle est si difficile à atteindre qu'elle ne concerne en aucune manière le commun des fidèles, mais convient seulement à un petit nombre de personnes douées d'une rare énergie et d'une exceptionnelle élévation d'âme; que, en outre, cette sainteté entraîne tant d'ennuis et d'embarras, – *tantis implicari fastidiis ac taediis* – qu'elle est absolument incompatible avec la situation d'hommes et de femmes vivant dans le monde"[33]. Et Pie XI concluait : "Une vie sainte n'est pas le don extraordinaire réservé à quelques personnes, alors que les autres s'en retournent les mains vides : la sainteté est le but général et le devoir commun pour tous" – *communem omnium sortem et commune officium* (p. 195-196).

La constatation est significative de l'état d'esprit à l'époque. L'Encyclique du Pape eut certes quelque influence sur des cercles limités. À l'époque, des chrétiens engagés dans les œuvres, et plus tard dans l'action catholique, entendront dire qu'ils doivent "se sanctifier pour que fructifie leur apostolat". Pour le clergé, des évêques et des théologiens publient des écrits, organisent des retraites, défendent des idéaux élevés. Et c'est à propos du clergé diocésain que les discussions vont faire progresser les options.

**Clergé diocésain et état de perfection**

En 1938, l'abbé E. Masure, directeur au Grand Séminaire de Lille, publia *De l'éminente dignité du sacerdoce diocésain* [34]. À sa suite, et de plus en plus vivement, des évêques, des professeurs de Séminaire vont "revendiquer" pour les prêtres du diocèse la possibilité d'une plénière sainteté. Le clergé "séculier" préfère être appelé "diocésain" pour éviter des malentendus verbaux. Reprenant un passage de *La vie intérieure*, du cardinal Mercier, E. Masure écrit : "Comme nous sommes loin de cette conception : ... il y aurait deux clergés, un parfait et un imparfait, le régulier et le séculier; le premier que ses vœux, son ascèse et sa vie commune établissent dans la perfection, – le second, parent pauvre ou frère dégénéré, qui, faute de courage, se tient à l'écart de la voie étroite et à mi-côte des sommets, illogique avec les appels divins, *respiciens retro*. Combien il faut l'aimer au contraire et l'estimer, notre état ecclésiastique, notre état diocésain : car nous ne voulons plus de cet adjectif : séculier, qui est à double sens". Et lorsque l'on demandait une référence théologique en faveur de cette "défense" du clergé diocésain, l'on citait régulièrement ce passage de la *Somme théologique* de saint Thomas : "Par l'Ordre sacré quelqu'un est député à des ministères très dignes, par lesquels il sert le Christ lui-même dans le sacrement de l'autel; ce qui requiert une plus grande sainteté intérieure que ne requiert même l'état religieux – *ad quod requiritur major sanctitas interior, quam requirat etiam religionis status* [35]. Depuis, après bien des débats, la question n'est plus posée de la même manière et elle a perdu de son actualité. Mais était-elle réellement réglée ? Ce qui s'est passé à Vatican II ne permet pas de l'affirmer.

**Appel "universel" des fidèles à la sainteté**

Certes, aujourd'hui, lorsqu'il est question de la "sainteté", et en particulier de la sainteté des "laïcs", on cite avec effusion le chapitre V de la Constitution *Lumen gentium*, intitulé *L'appel universel à la sainteté dans l'Église* (nn. 39-42). Et c'est bien là l'état définitif du débat conciliaire sur la question. Mais tels n'étaient pas les documents préparatoires.

Le schéma primitif du *De Ecclesia*, en novembre 1962, comportait certes un chapitre V, mais il était intitulé *De statibus evangelicae acquirendae perfectionis* : les états de perfection évangélique, leur importance, leur statut dans l'Église[36].

Et les "simples fidèles laïcs" ? On en avait parlé avant de traiter des religieux : ce qui suscitait des remarques. Diverses possibilités d'ordonnance des matières furent proposées, examinées, défendues ou refusées. On commença par élaborer un petit texte d'introduction, sur l'appel universel à la sainteté. Mais il apparut rapidement que si l'appel à la sainteté était universel, cette sainteté ne pouvait être centrée sur l'état de perfection. On l'identifia donc à la "charité parfaite". De plus, comme cette sainteté était présentée comme "universelle", elle devait pouvoir s'exprimer "sous diverses formes en chacun de ceux qui y tendent, selon leur ligne propre de vie". Et notamment, d'une manière spéciale – *proprio quodam modo* –, dans la pratique des conseils évangéliques. Le document conciliaire traitait ensuite des Religieux. Puis, comme le nombre de points les concernant revêtait une ampleur significative, on en fit un chapitre VI : *Les Religieux*. Tous les membres de l'Assemblée conciliaire s'entendirent finalement, après bien des détours, sur cet arrangement.

Mais alors, pourrait-on objecter, comment se fait-il que le texte définitif du chapitre V, au n. 39, affirme que la sainteté "proprement dite" se manifeste par l'exercice des conseils évangéliques ? C'est là, une nouvelle fois, l'inconvénient de traductions approximatives du texte latin. Celui-ci affirme que la sainteté de l'Église, si elle s'exprime de manières diverses – *multiformiter* – apparaît d'une manière particulière – *proprio quodam modo* – dans la pratique des conseils. Mgr Philips, qui a participé de près à l'élaboration de la Constitution, réagit de manière vive à une traduction fautive du "*proprio quodam modo* ". "Le sens n'est donc certainement pas que la sainteté 'proprement dite' n'habite que les cloîtres et que partout ailleurs on ne trouve qu'une apparence, ou tout au plus un reflet de cette pure clarté. Celui qui observe les conseils porte un témoignage particulièrement éloquent d'attachement à Dieu, mais il n'est assuré d'aucun monopole; prétendre le contraire serait réintroduire la discrimination si résolument écartée par le Concile. Ce *proprio quodam modo* est souvent rendu par des traductions inexactes comme un *proprie*, formant alors un contresens flagrant avec l'affirmation centrale du chapitre"[37].

Ce recentrage de la sainteté sur la "charité parfaite" eut l'occasion de se manifester, un peu à l'improviste, au cours de l'élaboration de *Lumen gentium.* Voici en quelle circonstance. La Commission conciliaire pour la doctrine de la foi et des mœurs – une trentaine d'évêques chargés d'examiner les amendements, ainsi qu'une vingtaine d'experts – en était arrivée à la révision du n. 42 actuel. En énumérant les diverses formes d'exercice de la "charité parfaite", le texte citait également la pratique des conseils évangéliques, notamment le célibat, permettant de se consacrer à Dieu seul "plus facilement et sans partage du cœur" – *facilius et indiviso corde.* Ce qui impliquait que la plupart des fidèles, mariés, étaient réduits à aimer Dieu "d'un cœur partagé" avec les créatures. Divers Pères estimaient que cette manière de s'exprimer sur le "partage", bien que susceptible d'une explication valable, établissait entre les chrétiens une forme de classement assez schématique et même discutable. Et qu'en était-il de l'appel universel à la sainteté ? Des experts appartenant à certains ordres religieux, et notamment le P. Rahner avec sa bonhomie coutumière, firent observer que les religieux aiment leur famille, leurs confrères, leurs étudiants, voire leurs travaux, et ce, sans enfreindre l'*indiviso corde* de la formule classique. Ce qui tranquillisa les non-religieux. Mgr Philips, secrétaire, proposa alors une formule d'accord assez facilement réalisable : supprimer le *et* (*facilius indiviso corde,* et non plus *facilius et indiviso corde*). Tous pouvaient aimer Dieu sans partage tout en aimant leur famille, leurs collègues, leurs amis. Mais les religieux pouvaient y tendre "plus facilement". Les chrétiens qui possèdent des traductions des documents conciliaires pourront constater que certains proposent, quand même : "plus facilement *et* d'un cœur sans partage", par habitude...

Désormais, le thème de la "sainteté" et de la "charité parfaite" à vivre "dans toutes les conditions de vie", est devenu courant. À titre d'exemple, voici comment s'exprimait le Pape Jean-Paul II dans l'Audience générale du 24 novembre 1993. "L'Église est sainte et tous ses membres sont appelés à la sainteté. Les laïcs participent à la sainteté de l'Église car ils sont pleinement membres de la communauté chrétienne... Dans cette capacité et cette vocation à la sainteté, tous les membres de l'Église sont égaux (cf. Ga 3,28). Selon le Concile, tous les disciples du Christ, même les laïcs, sont

À cette occasion, les Pères conciliaires ont parlé des buts, des "fins" du mariage. À vrai dire, les textes préparatoires du Concile n'étaient guère ouverts à ce propos. On y trouvait un éloge souligné de la procréation – finis naturalis, objectivus, specificus, principalis, primarius, unus atque indivisibilis – et une présentation particulièrement restrictive de ce qu'on appelait les autres "fins du mariage", à savoir "mutuum adjutorium" et "concupiscentiae remedium". Droits certes légitimes, mais secondaires, ils ne sont pas "propres" au seul mariage, et peuvent être atteints par d'autres moyens – alii fines etiam aliis mediis attingi possunt"[43].

La discussion de ces textes se prolongea durant tout le Concile, avec des moments lourds et crispés. Beaucoup de Pères désiraient que l'on reconnaisse de quelque manière, mais positivement, la valeur et la pertinence des "autres fins" du mariage. Un autre groupe, important aussi, désirait souligner une certaine prévalence, ou priorité, de la procréation. L'Assemblée fut finalement d'accord pour qu'on évite d'exprimer l'équivalence des deux fins en disant qu'on "approuve la procréation et *aussi* les autres fins" – *etiam !* – On en resta à une expression négative, mais nullement en opposition aux "autres fins" du mariage. On la trouve dans *Gaudium et spes,* n. 50 : "sans sous-estimer pour autant les autres fins du mariage", *"non posthabitis ceteris matrimonii finibus".* Il y a d'autres fins, et il ne faut pas les estimer moins que la première[44].

Ce caractère primordial de la procréation doit être bien compris, et nullement au sens de "fécondité à outrance". L'expression est du Pape Jean-Paul II parlant à Castel Gandolfo le 17 juillet 1994, sur le thème de la "paternité et de la maternité responsables" précisément. Sur ce point, précisait le Pape, "la pensée catholique est souvent mal comprise, comme si l'Église soutenait une idéologie de la fécondité à outrance, poussant les époux à procréer sans aucun discernement ni planification. Mais il suffit de lire attentivement les enseignements du Magistère pour s'apercevoir qu'il n'en est rien. En réalité, dans la génération de la vie, les époux atteignent l'une des dimensions les plus hautes de leur vocation : ils sont les collaborateurs de Dieu. C'est justement pour cela qu'ils doivent avoir un comportement extrêmement responsable. En prenant la décision d'engendrer ou pas, ils doivent être inspirés non par l'égoïsme ou la légèreté, mais par une générosité prudente et consciente, qui évalue toutes les possibilités et les circonstances, et surtout qui sache mettre au centre de cette décision le bien même de l'enfant qui va naître. Par conséquent, lorsqu'on a des raisons de ne pas procréer, ce choix est permis et pourrait même être un devoir. Reste toutefois la nécessité de l'accomplir selon des critères et des méthodes qui respectent la vérité totale de la rencontre conjugale dans sa dimension d'union et de procréation, dont les rythmes biologiques sont savamment réglés par la nature elle-même. Ceux-ci peuvent être aidés et mis en valeur, mais non 'violentés' par des interventions artificielles" (O.R., 18, 07, 1994; O.R.F., 19, 07, 1994). La décision elle-même de procréer ou non est laissée à la "générosité prudente et consciente" d'un couple "responsable" et "collaborateur de Dieu". Quant aux méthodes, elles sont fixées par les "rythmes biologiques" de la nature elle-même.

### Vie conjugale et sanctification

Au cours du Concile Vatican II, on déclara aussi que la vie conjugale, vécue comme il sied, pouvait être une "offrande spirituelle", c'est-à-dire présentée à Dieu dans l'Esprit-Saint.

Déjà, *Lumen gentium,* 10, à propos du sacerdoce "commun" de tous les fidèles, rappelle que les baptisés, de par leur sacerdoce commun, sont consacrés "pour offrir, par toutes les activités du chrétien, autant de sacrifices spirituels". Cette assertion générale pouvant passer inaperçue, la Commission théologique conciliaire a précisé, au n. 34, toujours à propos du sacerdoce commun des laïcs : "Toutes leurs activités, leurs prières et leurs entreprises apostoliques, leur vie conjugale et familiale, leurs labeurs quotidiens, leurs détentes d'esprit et de corps, s'ils sont vécus dans l'Esprit de Dieu, et même les épreuves de la vie, pourvu qu'elles soient patiemment supportées, tout cela devient 'offrandes spirituelles', agréables à Dieu par Jésus-Christ (1 Pierre 2,5)".

Qu'on relise bien "leur vie conjugale et familiale". Car au cours de la discussion engagée à la Commission théologique conciliaire, un membre éminent, et particulièrement attentif, demanda s'il fallait dire aussi *et conjugalis,* donc *et la vie conjugale ?* Les autres membres de la Commission, d'un geste unanime, répondirent sans hésiter que *conversatio conjugalis* devait être maintenu, étant donné que la vie conjugale, vécue comme il se doit, peut être l'objet d'offrande "spirituelle".

Mais la Commission rencontra bientôt, dans la révision de ce même n. 42, un deuxième écueil. Le chapitre se terminait par un appel à régler comme il sied l'usage des choses de ce monde, avec, en forme de référence biblique, 1 Cor 7,31 traduit couramment par "... que ceux qui usent de ce monde soient comme s'ils n'en usaient pas". Était-ce une nouvelle manière de consacrer le célibat ? En réalité, l'original grec est traduit imparfaitement dans la version latine habituelle. Le latin *tanquam non utantur* trahit le grec *Mè katachrômenoi* qui signifie "user à fond, s'y absorber", comme l'explique le P. Allo dans son Commentaire des *Études bibliques* [45]. C'est là tout autre chose que de "ne pas user de". La Commission doctrinale comportait heureusement deux évêques qui avaient été professeurs d'exégèse, Mgr Charue et Mgr Florit. Ceux-ci reconnurent le bien-fondé de la correction textuelle proposée, à savoir : "*qui utuntur hoc mundo, in eo non sistant* : que ceux qui usent de ce monde, ne s'y installent pas, ne s'y arrêtent pas. Et ceci est praticable par tous les fidèles. Pour signaler cette correction, le texte conciliaire évoque la référence biblique 1 Cor 7,31 en ajoutant *gr.*, d'après l'original grec. Peu perçue généralement, cette mise au point manifeste une nouvelle fois l'attention des Pères conciliaires à sauvegarder la doctrine de l'appel "universel" à la "sainteté".

Désormais, la prédication se fera courante et sereine concernant la possibilité de la sainteté dans et par la vie de mariage. Dans l'Audience du 24 novembre 1993 sur la "vocation des laïcs à la sainteté", le Pape Jean-Paul II le rappelait expressément. Après avoir évoqué le Concile Vatican II, pour lequel c'est une seule et même sainteté que cultivent tous ceux que conduit l'Esprit, quelles que soient les formes de vie et les charges différentes, il poursuit : "Mais, plus expressément, il considère le chemin de sainteté des laïcs engagés dans le mariage". "Quant aux époux, et aux parents chrétiens, il leur faut, *en suivant leur propre route*, s'aider mutuellement dans la fidélité de l'amour avec l'aide de la grâce tout au long de leur vie..." (DC 1994, p. 9-10; ORF, 30 nov. 1993, p. 12).

"Tout au long de leur vie" ! C'est alors que peuvent se manifester des embûches, des obstacles, des dérapages. Sur ce point, qu'elle nomme "les cas difficiles", "les circonstances particulières", "les situations irrégulières" (nn. 77-85), l'Exhortation Apostolique *Familiaris consortio* du Pape Jean-Paul II (22 novembre 1981) demande aux pasteurs de l'Église la fermeté dans les requêtes du message chrétien, le souci d'une complète connaissance des multiples conditionnements de la situation, une pleine et affectueuse sollicitude de la charité pastorale (DC 1982, p. 30-33).

## L'INTERPRÉTATION DE LA BIBLE DANS L'ÉGLISE

Les exégètes connaissent et ont examiné la portée des Réponses de la Commission biblique données au cours des années 1905 à 1914 concernant le caractère historique, les auteurs et la composition des Livres Saints. Mais c'était l'époque du modernisme. Et, durant les années 1912-1913, le P.M.-J. Lagrange, son École biblique de Jérusalem et sa *Revue biblique* furent très menacés.

Toutefois, à cette époque, une question fondamentale était posée : l'exégète pouvait-il concevoir l'étude d'un texte sans tenir compte du "genre littéraire" du document ? L'étude critique, en ce cas, ne porte plus simplement sur un mot, un verset, mais sur la structure littéraire d'un morceau : structure d'ensemble de la pièce littéraire, structure de certains fragments constituant des unités littéraires (groupe de paraboles ou de miracles, par exemple), plan et ordonnance d'un récit, etc. Ces unités littéraires sont étudiées en elles-mêmes, ou par comparaison avec d'autres unités du même genre, appartenant à des littératures bibliques ou apparentées. On décèle ainsi plus aisément l'originalité des récits ou les tendances théologiques des auteurs. Bref, on a fixé soigneusement leur "milieu de vie", leur *Sitz im Leben*. Très précieuse, la *Formgeschichte* a eu, chez certains auteurs, l'inconvénient d''"évacuer" l'historicité du récit et de voir en ceux-ci avant tout la réaction vivante d'un milieu donné à telles circonstances particulières. D'où des dérapages certains et de vigoureuses mises en garde.

Par bonheur, le 30.09.1943, Pie XII publia l'Encyclique *Divino afflante Spiritu* (D.-S., nn. 3825-3831). "Un souffle d'air frais, d'ozone après l'orage", écrit Mgr Charue, évêque de Namur, à ce propos : "L'atmosphère est tellement changée, qu'on a pu dire que la crise biblique est passée"[46]. De quoi s'agissait-il donc ? Simplement, que le Pape Pie XII recommandait aux exégètes de "mieux connaître la mentalité des auteurs anciens, leurs procédés dans la manière de raisonner, de raconter et d'écrire", bref, de discerner avec soin quels genres littéraires les écrivains de ces temps éloignés ont voulu employer et ont de fait employé[47]. Une Lettre de la Commission biblique adressée au cardinal Suhard, archevêque de Paris, le 16 janvier 1948, rappela aux exégètes qu'ils se doivent, au terme d'analyses multiples et nouvelles, de préciser en quoi les récits bibliques contiennent "de l'histoire au sens moderne du mot" (D.-S., nn. 3862-3864).

### Les dissensions se poursuivent

Les oppositions ne disparurent point pour autant entre tenants décidés de l'historicité des récits révélés et les défenseurs avisés des genres littéraires. Un léger incident permit à Henri Fesquet, chroniqueur du journal *Le Monde* à l'époque, d'en informer le grand public. Dans *L'Osservatore Romano* du 24 août 1961, le cardinal Ruffini, archevêque de Palerme, publie un article mettant en garde contre l'exégèse pratiquée selon "les genres littéraires". Il s'adresse notamment à ces "hypercritiques" qui avancent de nouvelles théories qui seront clarifiées lorsqu'on connaîtra mieux, *à travers l'histoire, l'archéologie, l'ethnologie et les autres sciences*, les manières de parler et d'écrire des Anciens". Or, dans son Encyclique *Divino afflante Spiritu*, le Pape Pie XII avait écrit en effet, "il faut absolument que l'interprète se reporte pour ainsi dire par la pensée à ces siècles reculés de la civilisation orientale pour discerner nettement, *avec l'aide intelligente de l'histoire, de l'archéologie, de l'ethnographie et d'autres sciences* quels genres littéraires les écrivains de ces temps éloignés ont voulu employer"[48]. Bref, le cardinal Ruffini contre le Pape défunt Pie XII ! *Le Monde* du 1 novembre 1961 en a entretenu ses lecteurs.

Nous sommes en 1961. Le prochain Concile du Vatican est annoncé. Et l'on pouvait déjà constater que les dissensions entre exégètes catholiques n'avaient rien perdu de leur acuité. Le schéma sur la Révélation était en jeu. "L'histoire du texte est aussi l'une des plus mouvementées et des plus intéressantes à écrire", constate A. Wenger[49]. Les Pères conciliaires perçurent en effet assez rapidement que le texte préparatoire, intitulé à dessein *De fontibus Revelationis*, était quelque peu orienté, voire tendancieux. "Conçu dans une atmosphère de polémique contre l'Institut Biblique" des jésuites romains, écrit Ph. Delhaye, il était "le contrepied de l'encyclique *Divino afflante Spiritu* "[50]. La formule est dure. Toutefois, à l'époque, dans les milieux du Concile, tout le monde savait que l'Université du Latran ne défendait pas les mêmes doctrines théologiques que l'Institut Biblique des Pères jésuites, lequel jouissait du monopole de ce titre. D'où, une histoire mouvementée, en effet, comme le reconnaissait A. Wenger. Dans les *Mélanges* offerts à Mgr André-Marie Charue en 1969, Mgr Ph. Delhaye décrit en détail les efforts laborieux et persévérants de l'évêque de Namur pour aboutir à des améliorations successives de la Constitution *Dei Verbum* (p. 164-171).

À ce moment, le 21 avril 1964, la Commission biblique pontificale publia sur ce sujet l'Instruction *Sancta Mater Ecclesia* (D.S., nn. 3999-3999e). À l'époque, le cardinal A. Bea en donna un long commentaire, afin d'en assurer une judicieuse interprétation (DC 1964, c. 771-778 et 825-842).

On comprend, dans ces perspectives, les discussions qui eurent encore lieu au cours de la quatrième Session du Concile (14 sept. - 4 déc. 1965), sur l'expression *veritas salutaris* dans un passage de la future Constitution *Dei Verbum* (n. 11). *Salutaris* : n'était-ce pas une façon de limiter le domaine des vérités contenues dans les Écritures ? Mgr G. Philips suggéra de s'exprimer comme suit : "... *veritatem quam Deus notrae salutis causa Litteris Sacris consignari voluit* ". Bref, le message biblique est un message "religieux"; il contient la vérité que Dieu, *pour* notre salut, a voulu voir consignée dans les Lettres sacrées. Un exégète a cependant traduit : "Dieu, *cause* de notre salut, a voulu...", rattachant ainsi le *salutis causa,* au nominatif, à Dieu lui-même[51].

## Des perspectives neuves inattendues

Les exégètes qui prirent part aux travaux conciliaires de Vatican II auraient-ils pu deviner ce que, en fin de siècle, la Commission biblique allait écrire à leur intention ? Je ne le pense pas. Certes, les exégètes œuvrèrent désormais selon les lois de toutes les herméneutiques. Mais une synthèse ? Et avec la caution de l'autorité ecclésiastique ? C'est pourtant ce que représente aujourd'hui le Document sur *L'interprétation de la Bible* publié en 1993 (DC 1994, p. 13-44). Le Document est particulièrement long et dense. Le premier chapitre constitue une sorte de cours complet sur l'herméneutique des Livres Inspirés, de la méthode historico-critique à la lecture fondamentaliste, en passant par les nouvelles méthodes d'analyse littéraire, les approches basées sur la tradition, les approches par les sciences humaines et les approches contextuelles. Après quoi, trois sections passent en revue, avec minutie, les diverses questions d'herméneutique qui se posent actuellement, les "dimensions caractéristiques de l'interprétation catholique" et l'interprétation de la Bible "dans la vie de l'Église".

Les réactions favorables se sont exprimées, plus ouvertement que les réserves. C'est que, dès juin 1993, le Pape Jean-Paul II lui-même avait pris les devants dans un Discours adressé aux cardinaux et à la Commission biblique pontificale. La tâche des exégètes est complexe et passionnante, disait-il. "Aucun des aspects humains du langage ne peut être négligé. Les progrès récents des recherches linguistiques, littéraires et herméneutiques ont amené l'exégèse biblique à ajouter à l'étude des genres littéraires beaucoup d'autres points de vue (rhétorique, narratif, structuraliste); d'autres sciences humaines, comme la psychologie et la sociologie, ont également été mises à contribution (DC 1993, p. 506). C'est après cette avancée intrépide que se présente l'appel au discernement.

Un passage de ce Document a été fréquemment cité : "Un sujet de satisfaction est fourni à notre époque par le nombre croissant de *femmes exégètes*, qui apportent plus d'une fois, dans l'interprétation de l'Écriture, des vues pénétrantes nouvelles, et remettent en lumière des aspects qui étaient tombés dans l'oubli" (DC 1994, p. 35).

D'où vient cette volonté de changement ? Elle s'explique sans doute par l'intention et la nécessité de tenir compte des progrès croissants obtenus dans le domaine des sciences humaines. C'était déjà le cas en 1943, à l'époque de *Divino afflante Spiritu*, précise Jean-Paul II. Et "ce qui était vrai en 1943 demeure encore de nos jours, car le progrès des recherches a apporté des solutions à certains problèmes et, en même temps, de nouvelles questions à étudier. En exégèse, comme dans les autres sciences, plus on repousse les frontières de l'inconnu, plus on élargit le domaine à explorer... Beaucoup de découvertes ont été faites et de nouvelles méthodes d'investigation et d'analyse ont été mises au point" (DC 1993, p. 507). Suit un exemple. L'exégèse catholique, "dans son interprétation de la Bible, sait harmoniser la diachronie et la synchronie, en reconnaissant que les deux se complètent et sont indispensables pour faire ressortir toute la vérité du texte et pour donner satisfaction aux légitimes exigences du lecteur moderne" (DC 1993, p. 507).

Oui : "toute la vérité du texte" et aussi "les légitimes exigences du lecteur moderne".

# PRIMAUTÉ PAPALE ET COLLÉGIALITÉ ÉPISCOPALE

Au cours de l'Audience générale du 24 février 1993, le Pape Jean-Paul II expliqua aux auditeurs la signification de la "primauté du Successeur de Pierre". À un certain moment, il compara l'œuvre spécifique du Concile Vatican I (1870) et celle du Concile Vatican II (1962-1965) sur ce thème, et loua l'apport remarquable de Vatican II concernant la collégialité de l'épiscopat. Mais voici ce que disait le Pape. "Si Vatican II a assumé la tradition du magistère ecclésiastique sur le thème du 'ministerium Petrinum' de l'Evêque de Rome – qui avait auparavant trouvé son expression au Concile de Florence (1439) et à Vatican I (1870) – son mérite, en réaffirmant cet enseignement, a été de mettre en relief le rapport existant entre le primat et la *collégialité de l'épiscopat* dans l'Église. Grâce à ce nouvel éclaircissement, ont été dissipées les interprétations erronées données souvent à la définition de Vatican I, et l'on a montré la pleine signification du ministère pétrinien en harmonie avec la doctrine de la collégialité de l'épiscopat" (DC 1993, p. 308; ORF 2 mars 1993).

Un nouvel éclaircissement, qui dissipe les interprétations erronées données assez souvent à la définition du Concile Vatican I. Voilà certes un "développement" à envisager de plus près.

## Au début du siècle

Le fidèle que l'on aurait interrogé familièrement, au début de ce siècle, sur la hiérarchie des autorités ecclésiastiques, l'aurait souvent comparée à une armée, ayant un général (le pape), des colonels (évêques), voire même des capitaines (les curés de paroisse). Le Pape est "le chef de l'Église", "chef visible de l'Église" précise-t-on lorsque l'on se souvient de Jésus-Christ. Quant aux évêques, ils sont les "successeurs des Apôtres" et ils gouvernent l'Église sous l'autorité suprême du Pape. Évoquer le Ier Concile du Vatican, c'est redire le dogme de l'infaillibilité, les prérogatives de la primauté, sans même que soit perçue la donnée collégiale que suppose le terme Concile. Par contre, parler du Pape, c'était se montrer compatissant à l'égard du "prisonnier" du Vatican, privé des États Pontificaux.

La lecture de la Constitution *Pastor aeternus* de 1870 donnait à ce comportement une assise impressionnante (D.-S., nn. 3060-3064). D'ailleurs, les théologiens eux-mêmes n'ont pas fait immédiatement la distinction entre le *fait* de cette primauté complète à tous égards et, d'autre part, une *compréhension* de cette primauté comme "source" de toute autorité dans l'Église. Quelle place pouvait être reconnue à l'épiscopat, voire à une collégialité épiscopale, sinon en dépendance de la primauté, "source" même de sa réalisation ?

La théologie de la primauté rendait encore difficile l'adoption d'une collégialité épiscopale douée d'une consistance propre, par l'explication qu'elle donnait alors de la distinction entre le pouvoir d'ordre et le pouvoir de juridiction. Lorsqu'un évêque était ordonné par quelques confrères dans l'épiscopat, il recevait par la médiation de ceux-ci le pouvoir d'ordre, bien sûr. Mais il ne pouvait diriger authentiquement un diocèse particulier, sans qu'intervienne l'autorité romaine. N'était-ce donc pas elle qui accordait le pouvoir dit de "juridiction" ?

Certes, il y eut régulièrement dans l'Église des assemblées épiscopales, des synodes, des conciles même. Mais leurs démarches ne pouvaient se déployer, leurs décisions ne pouvaient être prises, que concurremment à une intervention autorisée de Rome.

Des auteurs du moyen-âge s'expliquaient même sur cette plénitude de la primauté en faisant appel à la métaphysique de l'époque. En convoquant et approuvant un Concile, écrit par exemple Turrecremata, le Pape attribue l'être même et la nature au Concile universel – *tribuit esse et quasi formam universali Concilio* –, lequel, sans cela, serait simplement un conciliabule ou une réunion – *conciliabulum aut conventiculum* –. C'est le principe métaphysique : "*dans formam dat etiam consequentia ad formam*" [52].

## La collégialité au Concile Vatican II

La convocation du deuxième Concile du Vatican eut, sur le chapitre de la collégialité épiscopale, un impact aussi considérable qu'inattendu. Dans *Souvenirs et espérances,* le cardinal Suenens raconte avec humour comment se présenta l'incident des "Cinq questions"[53].

C'était au cours de la deuxième Session conciliaire, en octobre 1963. Les débats conciliaires traînaient. Le 15 octobre, le cardinal Suenens, modérateur au Concile, annonça que des questions générales seraient proposées à l'Assemblée. Après un va-et-vient constant, les cinq questions furent distribuées le 29 octobre et votées le lendemain. En voici l'histoire racontée par le cardinal lui-même.

"Ce genre de directives n'étant pas prévu par le règlement, je crus que rien non plus ne s'y opposait et... je demandai à quelques théologiens (Philips, Prignon, Moeller, Congar) de formuler les questions tests. En possession de celles-ci, sans crier gare, et surtout sans avertir Mgr Felici qui aurait bloqué l'initiative, j'annonçai tranquillement, un jour où je présidais la séance, qu'un questionnaire d'orientation avec cinq questions serait bientôt distribué aux Pères du Concile, à titre indicatif, à l'usage de la Commission théologique. À peine l'annonce faite, Mgr Felici se précipita chez le Saint-Père pour dénoncer cet 'abus de pouvoir'. L'impression en cours fut arrêtée à l'imprimerie vaticane. Le cardinal Ottaviani fit savoir, haut et fort, qu'il était de la compétence de la seule Commission théologique (en fait la sience) de formuler des questions d'ordre théologique, même par manière de questionnaire" (p. 116).

Le Pape créa une commission de cardinaux pour trancher le débat et finit par accepter l'initiative du cardinal Suenens. Or, quatre des cinq questions concernaient le problème des relations primauté-collégialité. Formulées avec compétence et talent, elles orientaient les Pères du concile vers un progrès évident pour la théologie de la collégialité. Et le vote de l'Assemblée fut général. Mais voici les quatre premières questions, avec le résultat des votes.

1- La consécration épiscopale constitue le degré suprême du sacrement de l'Ordre. Vote : 2.123 oui, 34 non.

2- Tout évêque légitimement consacré, en communion avec les évêques et le Pape, qui est leur chef et le principe de leur unité, est membre du Corps des évêques. Vote : 2.049 oui, 104 non, 1 nul.

3- Le corps ou collège des évêques succède au collège des Apôtres dans la charge d'évangéliser, sanctifier et gouverner, et ce corps, dans l'unité avec son chef le pontife romain – et jamais sans ce chef (dont le droit primatial demeure sauf et entier sur les pasteurs et les fidèles) – jouit du pouvoir plénier et suprême sur l'Église universelle. Vote : 1.808 oui, 336 non, 14 nuls.

4- Ce pouvoir appartient de droit divin au collège des évêques lui-même, uni à son chef. Vote : 1717 oui, 408 non, 13 nuls.

Et le cardinal Suenens conclut : "Ce fut un triomphe en faveur du questionnaire. Chaque mot en avait été pesé. Les théologiens de métier y trouveront les nuances en faveur d'une coresponsabilité accentuée des évêques avec et sous Pierre, nuances qui seront utiles pour tout dialogue œcuménique futur et pour dégager l'opinion commune au Concile à ce moment précis" (p. 117).

Il en fut bien ainsi. Mais il restait aux théologiens à s'expliquer sur les anciennes théories et sur ce qu'elles comportaient de déficient.

### La mise au point théologique

Une mise au point fondamentale a été proposée par Mgr Philips, dans son Commentaire de *Lumen gentium*. Face à ceux qui estiment que l'ordination épiscopale confère à l'évêque le pouvoir d'ordre et que le Pape lui confère le pouvoir de juridiction, Mgr Philips écrit : "Au cours des dix premiers siècles, aucune intervention formelle du Pape n'apparaît dans la nomination des évêques, sauf dans son entourage immédiat, ou plus tard dans le monde occidental plus étendu. Durant tout ce temps, la *communio* était pourtant maintenue, même avec les évêques africains ou occidentaux. Le système théologique selon lequel le Pape conférait la juridiction ne peut se former avant que la première scolastique n'eût élaboré une distinction suffisamment nette entre le pouvoir d'ordre et le pouvoir de juridiction. De l'octroi d'une juridiction par le Pape aux anciens Patriarches Orientaux, il n'y a pas, dans l'histoire, la moindre trace. Lorsque les

Canonistes à Rome mirent en valeur leur distinction, la séparation avec l'Orient était déjà un fait accompli"[54].

On trouve ici, tout d'abord, la source d'un progrès doctrinal. Alors que la doctrine courante que nous avons relevée était reprise à une théologie datant des XIIe-XIVe siècles et développée depuis, Mgr Philips considère la pratique ecclésiale et théologique en vigueur aux origines de l'Église. Cette donnée théologique est liée à un retour aux sources qui a caractérisé le XXe siècle dans le domaine de la patristique, de la liturgie, de l'exégèse biblique, voire de la spiritualité.

Il reste certes à expliquer que nous retrouvons toujours la présence du Pontife romain dans les innombrables formes d'exercice du ministère épiscopal, que celui-ci soit personnel ou qu'il soit collectif. La remarque est fondée. Mais toute la question réside dans l'interprétation théologique qui est donnée de cette "présence", de cette "intervention".

Lorsque l'on sépare pouvoir d'ordre et pouvoir de juridiction, et lorsque l'on estime que cette juridiction – en toute son ampleur – est conférée par le Pontife romain, qui en est comme la "source", il est normal de réduire sensiblement le don conféré en "propre" à l'évêque, et dès lors aux épiscopats, dans l'œuvre de l'évangélisation, de la sanctification et du gouvernement de leurs Églises. Mais si le sacrement de l'Ordre confère à l'évêque le pouvoir d'ordre *et* celui de juridiction, il n'en va plus de même. Et c'est ce qui est reçu actuellement en théologie catholique. Celle-ci, de ce fait, ne renie pas l'"intervention" du Pontife romain en toute forme d'exercice de l'autorité épiscopale au sens plein du terme. Mais cette intervention n'est pas la source et l'origine de cet exercice : elle concerne certaines "conditions concrètes d'exercice", ce qui est tout autre chose. Semblable interprétation est la seule qui puisse correspondre avec la pratique de l'Église depuis les origines.

### La "Note explicative préliminaire"

En confirmation de cette façon de voir, on relira avec attention le n. 2 de la *Note explicative préliminaire* annexée à la Constitution *Lumen gentium* [55].

Ce n.2 commence par : "On devient *membre du collège* en vertu de la consécration épiscopale et par la communion hiérarchique avec le chef du collège et de ses membres". En latin, *"vi consecrationis episcopalis"* et *"communione hierarchica cum Collegii Capite et membris"*. Certains théologiens, à l'époque, ont traduit en escamotant la différence existant entre "vi" (à savoir : "en vertu de") et l'ablatif *communione* (à savoir : "dans la communion").

Suite du n. 2, "Dans la consécration est donnée la participation *ontologique* aux fonctions (munera) *sacrées* comme il ressort de façon indubitable de la Tradition et aussi de la tradition liturgique. De propos délibéré, on emploie le terme de *fonctions* (munera) et non pas celui de *pouvoir* (potestas), parce que ce dernier pourrait s'entendre d'un pouvoir *apte à s'exercer en acte* ". Pour ceci, interviendra une détermination qui sera décrite dans la suite du texte. Mais quelques théologiens, négligeant cette suite, ont estimé que la Note explicative reconnaissait que la consécration épiscopale ne donnait qu'une *disposition à recevoir le pouvoir* lors de l'intervention papale. Or la Note explicative affirme clairement dans ce qui suit "Pour qu'un tel pouvoir apte à s'exercer existe, doit intervenir la *détermination canonique ou juridique* de la part de l'autorité hiérarchique".

Et en quoi consiste cette "détermination juridique" papale, que ces mêmes théologiens réfractaires assimilent à "conférer le pouvoir" ? La Note explicative précise : "Cette détermination du pouvoir peut consister dans la concession particulière d'une fonction ou dans l'assignation de sujets, et elle est donnée selon les *normes* approuvées par l'autorité suprême. Une telle norme extérieure est requise par la *nature de la chose,* parce qu'il s'agit de fonctions qui doivent être exercées par *plusieurs sujets* qui, de par la volonté du Christ, coopèrent de façon hiérarchique". Au concret, un évêque pleinement ordonné n'est en état d'exercer ses pouvoirs que s'il est nommé dans un diocèse, ou s'il occupe une fonction, bref selon l'ordonnance juridique des "conditions concrètes" dans lesquelles il exerce "son pouvoir".

Et la fin du n. 2 déclare, en toute sérénité, "les documents des Souverains Pontifes récents au sujet de la juridiction des évêques doivent être interprétés d'après cette détermination nécessaire des pouvoirs".

Le texte est laborieux. Il est parfois complexe. Il aurait pu être simplifié et clarifié. Certains s'en sont plaint et l'ont critiqué.

D'autres en ont profité pour l'interpréter en fonction de "leur" théologie de l'épiscopat. Mais le changement était acquis. Et il sera maintenu de plus en plus communément. Le lecteur ne peut se représenter les débats aigus et prolongés qui ont entouré cette remise en valeur d'une théorie et d'une pratique ecclésiales qui furent vécues aux origines et pendant plus de dix siècles.

### Vers des perspectives favorables

La doctrine théologique de la collégialité était acquise. Et elle fut heureusement rappelée de temps en temps, et parfois de manière ferme !

En 1968, le cardinal Suenens publia un livre sur *La Coresponsabilité dans l'Église d'aujourd'hui,* un "fruit de Vatican Ii". En 1969, il reprit le thème essentiel de ce livre, "en un style plus vulgarisateur", dans les *Informations catholiques internationales.* Cet article recueillit de nombreuses réactions, en sens divers. Si bien que l'auteur de l'interview, José de Broucker, en constitua un recueil intitulé *Le dossier Suenens. Diagnostic d'une crise* [56].

Des théologiens furent conviés à participer à cet ouvrage, et l'un d'eux concluait son article par ces mots. "Un long, très long chemin reste à faire pour que le principe collégial inscrit dans Vatican II soit mis en pratique de façon réelle et non pas pour la forme; de manière effective, et non dans quelques discours; de manière loyale, et non par tactique; par souci dogmatique, et non par nécessité sociologique; de manière valable, et non seulement comme simple conseil" (p. 168).

Depuis, une suite considérable de réunions, synodes locaux ou régionaux ont donné vie à l'esprit collégial si fondé en dogmatique chrétienne.

Ainsi, en 1990, on put célébrer le 25ème anniversaire du Synode d'évêques – institué par Paul VI en septembre 1965 – et donner une image de ce que représente désormais la collégialité épiscopale.

C'est le cardinal J. Willebrands qui l'a présentée dans un discours à l'Assemblée. Les traits sont signalés, simplement, mais leur ensemble est impressionnant.

"Les réunions du Synode sont l'expression de l'*affectus collegialis*, la 'collégialité affective', du '*quam bonum habitare fratres in unum* '.

"Elles sont une occasion exceptionnelle de rencontre pour les frères évêques de tous les continents, de toutes les régions où est plantée l'Église de Dieu : Églises jeunes, Église d'antique tradition chrétienne, Églises latines et Églises orientales.

"Elles sont le lieu privilégié où sont partagés les situations pastorales et les problèmes qui s'y rattachent, le témoignage de la foi, les souffrances aussi et même les persécutions, les joies et les signes d'espérance".

"Elles vivent de manière privilégiée la communion des Pasteurs désignés dans la succession des Apôtres avec l'évêque de Rome, le successeur de Pierre".

"Ces réunions sont aussi le moment de vivre une 'collégialité effective' : l'analyse des situations pastorales, la réflexion sur les enjeux d'aujourd'hui, la mise en œuvre d'orientations mieux ajustées... Quand on compare les textes des *Lineamenta*, de l'*Instrumentum laboris*, des propositions élaborées dans les *Circuli minores* et le *Document final*, on constate la maturation de la pensée, fruit d'une vaste consultation." (DC 1990, p. 961).

Il y a un demi-siècle, qui aurait pu établir pareil constat ?

## LE PEUPLE DE DIEU, FACTEUR DU CHANGEMENT

Le dynamisme du développement doctrinal du message chrétien a été étudié par les théologiens, de génération en génération. Les travaux qui s'y rapportent examinent successivement l'apport spécifique des divers éléments qui interviennent dans ce dynamisme : l'Esprit de Dieu, le Magistère, les théologiens et les fidèles, la forme de l'argumentation, le type de transmission, la nature même d'une donnée révélée. En y regardant de plus près, on pourrait constater que chacun de ces éléments a connu, au cours de ce siècle, un certain devenir.

Parmi les facteurs du développement doctrinal, on cite régulièrement les autorités ecclésiastiques et les fidèles. Mais comment ces deux éléments sont-ils perçus, interprétés ?

Dans son histoire des Constitutions du Concile Vatican I, publiée en 1895, J.-M. Vacant commente les décisions conciliaires relatives à l'immutabilité et au progrès de la doctrine chrétienne et, notamment, les "facteurs" de ce développement[57]. Il mentionne l'Église, d'une part et, de l'autre, les fidèles. Toutefois, lorsqu'il décrit l'œuvre accompli par les "fidèles", il signale "l'inclination naturelle de l'esprit humain" à "bien saisir l'objet de la foi", ou encore "les conclusions théologiques" auxquelles aboutit le travail des théologiens, ou enfin "la communauté de pensées" à laquelle tous les fidèles ensemble parviennent grâce à leurs recherches et à leurs échanges (p. 302-303). Après ce tableau des "efforts privés", J.-M. Vacant en vient à "l'action publique de l'Église" (p. 303). Et l'Église, dans ce cas, c'est l'ensemble de ses chefs, à qui Dieu a donné autorité pour conserver fidèlement et expliquer infailliblement le message révélé (p. 304).

**Depuis le Concile Vatican II**

Au Concile Vatican II, ce thème reparaît dans la Constitution *Dei Verbum,* à propos de la Tradition (n. 8). Désormais, le terme Église désigne l'ensemble du Peuple de Dieu : fidèles laïcs, théologiens, pasteurs. En effet, "la perception des choses aussi bien que des paroles transmises s'accroît, soit par la contemplation et l'étude des croyants qui les méditent en leur cœur (cf. Luc 2,19 et 51), soit par l'intelligence intérieure qu'ils éprouvent des choses spirituelles, soit par la prédication de ceux qui, avec la succession épiscopale, reçurent un charisme certain de vérité. Ainsi l'Église, tandis que les siècles s'écoulent, tend constamment vers la plénitude de la divine vérité, jusqu'à ce que soient accomplies en elle les paroles de Dieu".

Les commentateurs des documents conciliaires ont repris ce passage. Voici ce qu'en dit le professeur J. Ratzinger dans le *Lexikon für Theologie und Kirche*[58]. "Important est le fait que le progrès de la Parole dans le temps de l'Église ne soit pas considéré seulement comme une fonction de la Hiérarchie, mais apparaisse comme ancré dans l'ensemble du déploiement de la vie ecclésiale : c'est par lui qu'ici et là l'implicite devient compréhensible car explicité; l'ensemble de l'expérience spirituelle de l'Église, sa convivance (Umgehen) croyante, priante et aimante avec le Seigneur et sa Parole donne l'intelligence de la croissance de ce qui a été proposé aux origines... Dans ce processus de compréhension qui représente la façon concrète de la façon dont la Tradition se réalise dans l'Église, le service du Magistère constitue une composante (eine Komponente), et même, en un sens ici, une composante critique et non productrice : mais il n'est pas le tout (das Ganze)".

Récemment, en 1983, dans une interview sur *Luther et l'unité des Églises,* le cardinal J. Ratzinger reprenait le commentaire de *Dei Verbum,* 8, mais en y apportant une actualisation qui n'est pas passée inaperçue. Après avoir rappelé les trois facteurs de développement, il poursuit : "Dans cette mesure, il n'existe nullement dans la tradition de l'Église cette monopolisation en matière de doctrine que l'on attribue si souvent au ministère épiscopal. Lorsqu'on parle d'intelligence 'provenant de l'expérience spirituelle', c'est toute la contribution de la vie chrétienne qui est accueillie, et donc aussi la contribution particulière de la 'base', c'est-à-dire des communautés croyantes, qui est reconnue comme 'lieu théologique'. D'autre part, il est clair que les trois facteurs sont interdépendants. L'expérience sans réflexion reste aveugle; l'étude sans expérience demeure vide; la proclamation épiscopale sans enracinement fondamental dans l'une et l'autre est privée d'efficacité... Dans le cours changeant du temps, tantôt l'un et tantôt l'autre de ces éléments peut prendre davantage de relief, mais aucun ne doit jamais manquer complètement" (DC 1984, p. 126).

Ces critères de discernement doctrinal pleinement "ecclésial" concernent directement la Tradition, les doctrines révélées. Ils sont donc applicables également, et même a fortiori, aux enseignements ecclésiastiques moins intimement liés à la révélation divine qui ont été évoqués dans ce livre. Et les quelques exemples de cette nature apportés ci-dessus montrent que des changements existent dans la vie doctrinale de l'Église, et donc qu'il est possible d'en espérer la venue, de prendre part à leur épanouissement, d'appuyer leur rayonnement.

Il serait cependant abusif de croire que tous les "changements" que connut l'histoire des enseignements ecclésiastiques au XXe siècle soient susceptibles d'être considérés comme des "progrès". Certains enseignements sont peu touchés par ce devenir; d'autres peuvent connaître des aspects de régression. L'histoire des idées, comme celle des peuples, offre ainsi le spectacle de mutations variées, avec des renouveaux et des reculs, prévisibles ou inattendus. Le lecteur pourra aisément illustrer cette réserve.

## CONCLUSION

Par manière de conclusion, revenons quelques instants aux facteurs de changement qui fermentent au cœur des enseignements ecclésiastiques. Certains d'entre eux sont extérieurs au domaine propre de ceux-ci. D'autres, au contraire, constituent une donnée importante de la vie de notre foi.

Facteurs extérieurs. Ainsi, l'appel à la participation de tous les fidèles laïcs à l'œuvre d'évangélisation et à la vie liturgique de l'Église a été régulièrement influencé par le degré de développement de l'instruction et de l'éducation auquel était parvenu un pays. Lorsque les populations sont encore analphabètes – et qu'en était-il dans le monde au milieu du XIXe siècle ? – comment pouvait-on songer à lancer un appel universel à coopérer à l'action doctrinale et religieuse de l'Église ? Et si le Document récent de la Commission biblique Pontificale pouvait déclarer que "un sujet de satisfaction est fourni à notre époque par le nombre croissant de femmes-exégètes, qui apportent plus d'une fois, et remettent en lumière des aspects qui étaient tombés dans l'oubli", n'est-ce pas parce qu'en certains pays des femmes ont eu la possibilité de profiter de l'enseignement universitaire et d'en montrer les résultats ? Ce qui n'est pas la situation de nombreux pays, même en cette fin du XXe siècle.

D'autres facteurs externes peuvent également décider de changements d'enseignement. Nous avons vu, concernant les relations entre l'Église et l'État, que l'avènement de l'État démocratique – non-confessionnel, pluraliste, – avait permis à la Communauté ecclésiale d'adopter un statut juridique nouveau. Au lieu de requérir des droits politiques au nom de sa qualité de société parfaite de l'ordre spirituel, l'Église se présente désormais, face à l'État moderne démocratique, comme une Communauté de personnes qui sont citoyens de l'État et demandant uniquement à celui-ci la reconnaissance et la possibilité d'exercer leurs droits fondamentaux, et en particulier les droits religieux fondamentaux reconnus par la Déclaration universelle de 1948. Mais la démocratie est un enjeu fragile, et quel pays – même s'il se proclame démocratique – peut assurer actuellement d'être dirigé réellement selon les règles de la non-confessionnalité pluraliste authentique ?

Les changements opérés dans les enseignements ecclésiastiques peuvent être également suscités par la vitalité même et le dynamisme foncier des doctrines religieuses de la révélation chrétienne. Les enseignements de l'Église nous présentent au mieux des possibilités de nos médiations humaines, la Parole éternelle de Dieu et la Réalité divine de la Trinité sainte, objet de notre acte de foi. L'acte de foi déborde ainsi l'énonciation de la foi; sa démarche dépasse nécessairement toute formulation verbale. Dès lors, "aucune des générations humaines ne prend toute la mesure et les dimensions de la Parole : celle-ci reste nouvelle pour chaque génération; elle ne dévoile sa plénitude que dans une façon toujours nouvelle d'être actualisée par ce que l'homme vit et en reçoit"[59].

Au cours des temps, les croyants entrent ainsi dans le vaste mouvement de l'histoire de leur foi, qui est enracinée en Abraham et s'épanouit à la Parousie. Le changement auquel les croyants assistent ne consiste pas en une sorte de progression régulière et uniforme d'une donnée immuable. Il se présente à nous comme une mise en lumière nouvelle d'une des multiples données constitutives de l'acte de foi au message chrétien, donnée moins manifestée à telle époque, mais soulignée plus régulièrement à d'autres moments. C'est que la révélation divine "contient tant et de si précieux trésors de vérité qu'il est impossible de les épuiser jamais", disait le Pape Pie XII dans l'Encyclique *Humani generis* du 12 août 1950 (A.A.S., t. 42, p. 568). L'histoire des enseignements ecclésiastiques nous en offre, de siècle en siècle, la plus prestigieuse manifestation.

# NOTES

1    *Commission Pontificale "Justitia et Pax"*, Cité du Vatican, 1975, 74 p.

2    *Les catholiques français et l'héritage de 1789*, Paris, Beauchesne, 1989, p. 32 et 34.

3    Ph. DE LA CHAPELLE, *La Déclaration universelle des droits de l'homme et le catholicisme*, Paris, 1967, p. 407.

4    A. VERDOODT, *Naissance et signification de la Déclaration universelle des Droits de l'homme*, Louvain, Nauwelaerts, p. 275-281. Sur les positions doctrinales des chrétiens : G. THILS, *Droits de l'homme et perspectives chrétiennes*, Louvain-la-Neuve, E. Peeters, 1981, 116 p.

5    *Orientations pour l'étude de la doctrine sociale de l'Église*, dans *La Documentation catholique*, 1989, p. 785.

6    Lire l'histoire de ce changement dans R. MINNERATH, *Le droit de l'Église à la liberté. Du Syllabus à Vatican II*, Paris, Beauchesne, 1982, 207 p.

7    Dans *Actes de Pie X*, Paris, Bonne Presse, t. II, p. 135 (traduction française officielle). Texte latin dans *A.S.S.*, t. 39, 1906, p. 8-9.

8    *Laïcs en premières lignes*, 1963, p. 46.

9    P. LOMBARDI, *Relevancia de los carismas personales en el ordenamiento canonico*, dans *Jus canonicum*, t. 9, 1969, p. 108-112.

10    Voir G. THILS, *Les laïcs dans le nouveau Code de droit canonique et au IIe Concile du Vatican*, Louvain-la-Neuve, E. Peeters, 1983, 83 p.

11    Dans J. RATZINGER-H. MAIER, *Démocratisation dans l'Église ?*, Paris, Apostolat des Éditions, 1971, p. 51.

12    Dans R. AUBERT, *Le Cardinal Mercier. Un prélat d'avant-garde*, Louvain-la-Neuve, Academia, 1994, p. 393-459.

13    G. THILS, *Histoire doctrinale du mouvement œcuménique*, nouv. éd., Louvain, 1963, p. 98-99 et 296-302.

[14] Voir J.Y.H. JACOBS, *De Katholieke Conferentie voor Oecumenische Vragen. Een leerschool en gids, 1951-1965*, Tilburg, University Press, 1991, 49 p.

[15] Récit détaillé de ces journées : P. Pierre DUPREY, *Paul VI et le Décret sur l'œcuménisme*, dans l'ouvrage collectif *Paolo VI e i problemi ecclesiologici al Concilio*, Brescia, Istituto Paolo VI, 1989, p. 238-247.

[16] Positions résumées dans G. THILS, *Propos et problèmes de la théologie des Religions non chrétiennes*, Casterman, 1966, p. 29-55.

[17] S. THOMAS, *Somme théologique*, IIa IIae, qu. 10, art. 11.

[18] Voir J. WITTE, *Die Christusbotschaft und die Religionen*, Göttingen, 1936, p. 75.

[19] Voir par exemple H.R. SCHLETTE, *Die Religionen als Thema der Theologie*, Freiburg, Herder, 1964, 128 p.

[20] Circonstances historiques de cet incident et texte de la Déclaration en langue française, dans *La Documentation catholique*, t. 49, 1952, c. 1395-1399. L'essentiel de la Déclaration en langue latine : *D.-S.*, nn. 3866-3873.

[21] Voir par exemple G. THILS, *Présence et salut de Dieu chez les "non-chrétiens"*, Louvain-la-Neuve, E. Peeters, 1987, p. 75-77.

[22] Court historique dans A. WENGER, *Vatican II. Chronique de la troisième Session*, Paris, Centurion, 1965, p. 348-354; R. LAURENTIN, *L'enjeu du Concile. Bilan de la 3e Session*, Paris, Seuil, 1965, p. 78-87.

[23] Ainsi, dans le *Dictionnaire des Religions*, dir. P. POUPARD, Paris, P.U.F., 3e édit. revue et augmentée, 2 vol., 2218 p.

[24] Voir J. RIES, *Les chrétiens parmi les Religions*, Desclée, 1987, p. 450.

[25] Voir M. FÉDOU, s.j., *La théologie des religions à l'heure du pluralisme*, dans la revue *Études*, juin 1989, p. 821-830.

[26] Lire, en ce sens, deux études de Cl. GEFFRÉ. 1. *La théologie des religions non chrétiennes vingt ans après Vatican II*, dans *Islamochristiana*, 1985, p. 115-133. 2. *Le dialogue n'est pas une matière à option*, dans *L'Actualité Religieuse dans le monde*, n° 126, 15 octobre 1994, p. 45-47.

[27] J.C. MURRAY, *Vers une intelligence du développement de la doctrine de l'Église*, dans *Vatican II. La liberté religieuse* (*Unam Sanctam*, 60), Paris, Cerf, 1967, p. 141.

[28] G. THILS, *Le statut de l'Église dans la future Europe politique*, Louvain-la-Neuve, E. Peeters, 1991, p. 28.

[29] Voir, pour le texte primitif complet, les *Acta et Documenta Conc. Oecum. Vat. II Apparando*, Series II (Praep.), vol. II, pars IV, p. 657-661. Texte déjà aménagé, voir G. ALBERIGO-FR. MAGISTRETTI,

*Lumen gentium. Synopsis historica,* Bologne, Ist. Scienze Relig., 1975, p. 307-309.

30  R. MINNERATH, *Le droit de l'Église à la liberté. Du Syllabus à Vatican II,* Paris, Beauchesne, 1982, p. 16.

31  *Catéchisme de Malines,* Malines, R. van Velsen, 1918, p. 9 et p. 74.

32  GRATIEN, *Decretum, Causa XII,* qu. 1, can. 7; édit. Venise, 1615, t. 1, p. 905-910.

33  Voir *Actes de Pie XI,* Paris, Bonne Presse, t. 1, p. 182. Citation suivante, p. 195-196.

34  Paris, Bloud & Gay, 1938, 187 p.

35  S. THOMAS, *Somme théologique,* IIa IIae, qu. 184, art. 8, c.

36  Court historique dans A. WENGER, *Vatican II. Chronique de la troisième Session,* Paris, Centurion, 1965, p. 53-61.

37  G. PHILIPS, *L'Église et son mystère au deuxième Concile du Vatican,* t. II, Desclée, 1968, p. 70.

38  *Catéchisme de Malines,* Malines, R. van Velsen, 1918, p. 173.

39  Voir le *Dictionnaire de théologie catholique,* t. 9, Paris, Letouzey et Ané, 1926, c. 2178.

40  *Dictionnaire de théologie catholique,* t. 9, c. 2095.

41  S. GRÉGOIRE LE GRAND, *Le Pastoral,* Paris, 1928, p. 233.

42  *Dictionnaire de théologie catholique,* t. 9, c. 2095 et c. 2117.

43  PH. DELHAYE, *Dignité du mariage et de la famille,* dans *Vatican II. L'Église dans le monde de ce temps* (*Unam Sanctam,* 65b), Paris, Cerf, t. II, p. 387-453.

44  PH. DELHAYE, *Dignité du mariage et de la famille,* dans *Vatican II. L'Église dans le monde de ce temps* (*Unam Sanctam,* 65b), Paris, Cerf, t. II, p. 436-438.

45  Voir E.-B. ALLO, *Saint Paul. Première Epître aux Corinthiens,* 2ème édit., Paris, Gabalda, 1935, p. 179-180.

46  *Encyclique sur les Études bibliques,* Bruxelles, Édit. Universitaires, 1945, Préface, p. 7-8.

47  Voir A.A.S., t. 35 (1943), p. 314-317.

48  Voir dans les *A.A.S.,* t. 35 (1943), p. 315.

49  A. WENGER, *Vatican II. Chronique de la troisième Session,* Paris, Centurion, 1965, p. 140.

50  Dans *Au service de la Parole de Dieu. Mélanges Mgr André-Marie Charue,* Duculot, 1969, p. 164-165.

51  D'après Mgr Ph. Delhaye, dans les *Mélanges Mgr André-Marie Charue,* Duculot, 1969, p. 171.

52  Voir dans l'article de M.-R. GAGNEBET, *L'origine de la juridiction collégiale du corps épiscopal au Concile selon Bolgeni,* dans *Divinitas,* juin 1961, p. 476, à la note 160.

[53]   *Souvenirs et espérances*, Paris, Fayard, 1991, p. 116 et 117. La formulation des cinq questions est reprise du livre du cardinal Suenens.

[54]   G. PHILIPS, *L'Église et son mystère au deuxième Concile du Vatican*, Desclée, t. I, 1967, p. 278.

[55]   G. PHILIPS, *L'Église et son mystère au deuxième Concile du Vatican*, Desclée, t. I, p. 273-276, court commentaire.

[56]   Voir José DE BROUCKER, *Le dossier Suenens. Diagnostic d'une crise*, Paris, Éditions Universitaires, 1970, 290 p.

[57]   J.-M.-A. VACANT, *Études théologiques sur les Constitutions du Concile du Vatican. La Constitution Dei Filius*, t. II, Paris, 1895, p. 301-307.

[58]   *Lexikon für Theologie und Kirche. Das Zweite Vatikanische Konzil*, t. II, p. 520.

[59]   J. RATZINGER, *L'unité de la foi et le pluralisme théologique*, Éd. Esprit et Vie, 1978, p. 17.

# TABLE DES MATIÈRES

Imprimatur:
Malines, le 29 octobre 1994,
E. Goffinet, vic.gén.

ORIENTALISTE, KLEIN DALENSTRAAT 42, B-3020 HERENT